Bernardo Leite
Dr. Jô Furlan
Mauricio Sita
Coordenação editorial

Você tem neste livro lições para *Ser + inovador em RH* dos seguintes especialistas:

Adams Auni
Allison Lannes
Ana Rocha
Bernardo Leite
Cleide Fonseca Rodrigues
Dalmir Sant'Anna
Dr. Eduardo Ribeiro da Fonseca
Dr. Jô Furlan
Evaldo Costa
Ewerton Dias
Fernanda Marques Pacheco
Gustavo G. Boog
Gutemberg Leite
Heloisa Capelas
Luciano Loiola
Luciano Rodrigues
Marcelo Leal
Mauricio Sita
M[illegible] Moreira
[illegible]nd
Paulo Pereira
Pedro Carlos de Carvalho
Prof. Dilson Almeida
Reinaldo Rizk
Robson Martins
Rudimar Ferreira
Valtermário Rodrigues
Wilson Calé

Capa e Projeto Gráfico:
Danilo Scarpa

Revisão:
Roberto Carlessi

Gerente de Projeto:
Shirley Marya

Gerente Editorial:
Vanessa Oliveira

Impressão:
Editora Parma Ltda.

Dados Internacionais de Catalogação na Publicação (CIP)
(Câmara Brasileira do Livro, SP, BRASIL)

Coordenação editorial: Bernardo Leite, Dr. Jô Furlan & Mauricio Sita
Ser Mais Inovador em RH: Ideias criativas e novas propostas para a área do Capital Humano / Coordenação editorial: Bernardo Leite, Dr. Jô Furlan & Mauricio Sita – São Paulo.
Editora Ser Mais, 2010

Bibliografia.
ISBN: 978-85-63178-04-6

1. Recursos Humanos 2. Carreira profissional – Desenvolvimento 3. Treinamento e Desenvolvimento 4. Sucesso profissional 5. Mercado de trabalho 6. Carreira profissional – Administração I. Título.

10-7103 CDD-658.3

Índices para catálogo sistemático:
1. Ser Mais Inovador em RH: Ideias criativas e novas propostas para a área do Capital Humano: Administração

Editora Ser Mais Ltda.
Rua das Crisandálias, 52A – Cj. 102 São Paulo, SP – CEP 04704-020
Fone/Fax: (11) 2659-0968

Site: www.editorasermais.com.br E-mail: contato@editorasermais.com.br

Índice

Apresentação

Quando decidimos pela publicação deste livro, tínhamos um grande objetivo: dar aos estudiosos e executivos que trabalham na área de Recursos Humanos a oportunidade de apresentarem suas propostas de melhoria na estruturação de equipes e na gestão do capital humano das empresas.

Queríamos abrir um fórum de debates sobre novas propostas. O mais comum é encontrarmos pessoas que criticam o status quo. Falar mal das estruturas existentes e das práticas de gestão é sempre o mais fácil. E onde estão as pessoas com novas propostas? Com as famosas críticas construtivas?

Parabéns a você, caro leitor, pois está começando a leitura de um livro que trata das coisas do capital humano sobre 28 prismas diferentes. Cada um dos autores sintetizou em poucas páginas o melhor das suas propostas.

Temos a certeza de que há muita coisa nova, da melhor qualidade, que servirá para estimular os pensamentos sobre a nova realidade estratégica que cabe aos "Recursos Humanos".

Boa leitura!

Mauricio Sita
Coordenação Editorial

Agradecimentos

Agradecemos a Deus, fonte maior de inspiração, poder e liderança. À nossa família, equipe e a todas as pessoas que de alguma forma contribuíram para que este livro fosse realizado.

A todos os grandes profissionais do desenvolvimento do capital humano, conhecidos e desconhecidos, famosos e anônimos, que com sua dedicação, seu exemplo, coragem e ousadia têm nos ensinado e compartilhado suas ideias e suas lições.

A todos os autores que colaboraram para a realização desse projeto. Eles contribuíram com conteúdos relevantes e fundamentais para que este livro possa ser uma fonte de informação, aprimoramento e desenvolvimento na área do capital humano na vida de pessoas, instituições e empresas.

A você, caro leitor, que continua a buscar mais informações e conhecimentos. Investindo no desenvolvimento do seu capital humano. Este livro existe simplesmente para ajudar você a SER MAIS INOVADOR EM RH a cada dia, a cada desafio, a cada novo projeto.

A todos vocês os nossos agradecimentos.

Bernardo Leite, Dr. Jô Furlan e Mauricio Sita
Coordenação Editorial

1

O diabo veste Prada?
Pelo menos tem bom gosto!

A busca pela excelência em tudo o que se faz requer mudanças de hábitos e de comportamentos, reciclagem constante de conhecimentos, trabalho em equipe e muita, muita vontade de se superar

Adams Auni

Miranda é uma "chefa" competente, exigente e exuberante no que faz e no que se propõe a fazer.

Ela é editora em uma grande revista de moda. É comprometida com a sua visão do que é necessário para ser a melhor revista no segmento.

Não é apenas a ideia, é o trabalho dela. Afinal, ela é a editora Miranda na revista da moda, não o contrário.

Há diferença, percebe?

Competente, autoritária, perfeccionista, exigente, detalhista, visionária, organizada, comprometida, preparada, bem relacionada, conhecedora do mercado e assertiva quanto às suas tendências.

Chefe é chefe e tem que se comportar como chefe!

Miranda precisa de uma estrutura a sua altura. Não pelo status que promove ou ostenta, mas para estar à altura de suas exigências e dos resultados que pode dar. Mesmo sendo chefe, precisa apresentar resultados.

Nenhuma estrutura ou organização sobrevive sem resultados. Até mesmo as filantrópicas têm que dar resultados, nem que sejam outros resultados filantrópicos. Caso contrário, no mínimo, perde a credibilidade.

Voltando à Miranda... A estrutura de trabalho nunca está à altura do resultado que imagina. A exigência por excelência é constante, haja vista a correria da equipe de profissionais competentes e contratados para fazer o que já sabem, e mesmo assim ficam sujeitos a críticas.

Tal qual muitas empresas, tem mais "desculpismos" que eficácia, não é mesmo?

Não confundam eficiência com eficácia. Eficiência é o processo, é o fazer "direitinho" e "arrumadinho". Está tudo muito bem mas não é apenas isso, precisa ter eficácia, que é o resultado. Está presente na visão do lucro, na busca pela economia com o melhor produto, de alcançar e superar a qualidade que se espera e a plena e final satisfação em excelência.

A chefe Miranda pode parecer hostil e indigesta, mas... Funciona!

Mesmo com limitações da equipe, exige, como todo bom líder, os melhores resultados.

Parece cruel exigir além dos limites, mas os resultados são e devem ser determinados por ela, pois é isso que se espera dela. É isso que ela se propõe a fazer e ocupa aquele cargo pelos resultados que produz.

Miranda é plena de autoconfiança e comprometida com os resultados.

Não se trata de uma defesa da Miranda (o pessoal do RH assiste ao filme e frita o personagem). A questão é que em um determinado momento todos os que estão em posição de chefia em certo momento se reconhecem "Miranda" e nos seus muitos momentos de "Miranda".

Chegam a ficar com vergonha de si mesmos e ter pena da assistente Andréa, enquanto assistem ao filme.

Quem deseja ter visão de liderança e gestão por resultados tem que reconhecer que é fundamental se colocar no lugar da Miranda, da necessidade de fazer a equipe funcionar, pois, mesmo não parecendo, ela trabalha em equipe.

O problema é que a equipe não trabalha "com" ela, mas apenas quer trabalhar "para" ela.

Ela não espera a mesmice do trabalho bem "feitinho". Espera muito mais, exige muito mais, porque ela mesma se supera a todo o momento e seria um contrassenso não poder esperar ou exigir mais de quem está ao lado dela.

Tem que se superar e superar as próprias expectativas. Tanto como chefe, como cliente interno. E colocar-se também na posição do cliente anunciante, ao informar tendências de moda e do mercado com a expectativa de superação constante que o leitor espera.

Tem que sair do quadrado. Tem que sair da área VIP, da zona de conforto.

Chegamos a um ponto, finalmente!

Superar as expectativas do chefe, do colega, do cliente não tem que ser algo mecânico, seguindo um manual. Tem que ser autêntico, inovador, brilhante, fashion, ter "paixão". Tem que dar arrepio, calor, tremer as pernas, vir de dentro e explodir em convicção!

E a pacata Andréa, o que ela foi fazer ali? É figura extremamente simplória, mas tem potencial. Ainda crua em suas considerações, presa a crenças e valores dissociados da proposta da revista.

É por isso que muitos negócios persistem em dar errado. A equipe precisa compartilhar e estar em sinergia com a visão, missão, objetivos e valores da empresa. Caso contrário, o que foi fazer lá?

Valores e crenças distorcidos e retrógrados muitas vezes atrasam o próprio crescimento e inibem possibilidades de sucesso.

A assistente Andréa bateu de frente com a empresa e com a Miranda, não é mesmo?

No início não fazia nada a contento, sempre deixando a desejar, não se identificava com o negócio, sempre colocando a culpa no meio externo, sem nem sequer se autoanalisar para ver se era com ela a dificuldade.

Sem autoanálise é o que podemos chamar de "autofeedback".

O desejo de vencer e de realizar alguma coisa foi fundamental para que ela, mesmo pensando em desistir, revertesse o processo a seu favor.

Fazer uma reflexão sobre os próprios valores e crenças é de fundamental importância para rever as próprias atitudes e muitas vezes reverter uma situação.

Muitas vezes mudar o negócio, uma posição na empresa diante do chefe, é apenas se alinhar ao que o mercado está sinalizando faz tempo.

Finalmente, a assistente Andréa percebe que pode muito mais e que não deve desistir tão fácil.

Um filósofo chamado Heráclito nos disse: A única certeza que temos são as mudanças.

Andréa se transforma e quem assiste ao filme também. Ela nos faz ver que é preciso olhar as coisas pelos olhos dos outros. Se isso não é feito, muitas vezes compromete o resultado além da conta, a ponto de desejar desistir.

Nesse momento, aquela raiva da chefe muda de posição. Isso porque algo mudou também em quem vê o filme. Mudanças de crenças, de valores e de paradigmas.

Os que estavam com a culpa transbordando respiram fundo e percebem que na verdade é aquilo mesmo que se tem que fazer e os que estavam com pena da jovem assistente se renovam junto com ela.

Essa identificação e transferência com os personagens é muito normal.

Andréa passa a agir e a antecipar, e cada vez mais ganha a confiança e o respeito da chefe exigente, surpreendendo-a sempre.

Aceita desafios, promove intercâmbio, amplia e usa as redes de contato e influencia as pessoas.

Mas não se trata só do poder que percebe possuir. Às vezes isso não realiza nada. Trata-se de influência, do querer fazer, do dinamismo, de agir diante dos obstáculos antes de ser exigido pelas circunstâncias, de despertar a proatividade. Tudo isso são comportamentos empreendedores. E olha que ainda era uma assistente.

E você, que é assistente? Já faz isso ou assistiu ao filme e pronto, nem se viu lá?

Seja assistente e pense como chefe! Seja funcionário e pense como dono!

A chefe é genial, a assistente é vitoriosa, e nos apresentam conquistas profissionais de relevância.

As escolhas que finalizam a trama do filme são apenas escolhas para o desfecho da trama, não diminuem as expressões de conquista nem a realização pessoal.

Andréa vibrava, produzia, exaltava, antecipava e se sentia feliz!

Realizar todas as coisas com intrepidez e arrojo, com esmero e qualidade, por mais simples que sejam as "tarefas", só serão chatas e enfadonhas se desejarmos.

Colocar brilho e dinamismo em tudo o que se faz é sinal de vitória sobre a mesmice, mesmo nas pequenas obrigações, e nos faz vibrar.

O diabo veste Prada. E daí? Pelo menos ele tem bom gosto!

Adams Auni

É instrutor de Empreendedorismo com palestras, Workshops, seminários, Coaching corporativo, coaching pessoal, consultoria de tendências e Marketing Estratégico; Desenvolveu o curso Gerenciamento Minuto, com treinamentos comportamentais de 90 minutos, que de forma dinâmica e objetiva aborda temas como "O melhor atendimento ao cliente", "Liderança e suas competências", "Equipes de alto desempenho", "Feedback 360°" e "Gestão por resultados". Realiza o seminário Empreendedorismo em Hollywood, filmes empreendedores: O Diabo veste Prada, Tropa de Elite, A procura da Felicidade, Piratas do Caribe, O Segredo, Gladiador e outros. Seus conteúdos e abordagens transitam desde a física quântica, genética, neurociência e psicologia junguiana. Auni acredita que os comportamentos empreendedores tenham aplicabilidade também na vida pessoal.

Site: www.gerenciamentominuto.com.br

E-mail: contato@gerenciamentominuto.com.br

Telefone: (21) 2437-4107 / 8535-3418

Anotações

2

A importância das redes de relacionamento

Estar em contato frequente com sua rede de relacionamento ajuda você a reencontrar amigos, aproveitar oportunidades, criar novos negócios, sair da mesmice e da área de conforto e ver a vida de forma mais alegre e emocionalmente mais assertiva

Allison Lannes

"Nunca na história deste país tivemos um momento de crescimento econômico tão grande como o que vivemos hoje." Tenho certeza que já escutamos essa frase pelos mais diversos canais de informação e conteúdo.

O que muitos também devem ter conhecimento é que o volume de desemprego diminuiu e que atualmente o Brasil é um dos países com maiores oportunidades no mundo. Mas como explicar a quantidade de pessoas desempregadas acima de 35 anos? Falta de competência? Falta de conhecimento? Falta de conteúdo? Rigidez? Salários altos demais?

Tenho certeza que muitas desculpas surgirão. Mas, independentemente da idade, formação, gênero, grau de competência ou qualidade de remuneração, um fator em especial tem seu destaque em um momento como este: comodidade! O ser humano busca zona de conforto, busca tranquilidade e satisfação pessoal, porém, a maioria das pessoas é resistente a mudanças. Temos célebres frases como: "*Em time que está ganhando não se mexe*". Em time que está ganhando é exatamente onde devemos mexer, pois é em um time vencedor que queremos estar. Ou alguém prefere perder?

Nos últimos 16 anos passamos de um país medíocre, economicamente falando, para um país em vias de desenvolvimento, e nos próximos 10 anos nos tornaremos uma economia forte e exemplo mundial. Mas e as pessoas, os seres humanos, as escolas, as universidades, estão preparadas para essa mudança que virá? Temos acompanhado a criação das chamadas redes sociais, onde pessoas e empresas trocam informações entre elas, umas seguem outras, as avaliações mútuas são constantes, reencontramos amigos, jogamos virtualmente e adicionamos pessoas à nossa rede de relacionamento.

Quais pessoas fazem parte da sua rede de relacionamento? É comum ouvirmos dizer: tenho "x" seguidores, tenho "n" vizinhos, tenho "y" contatos. Mas quando perguntamos qual é sua rede de relacionamento, nos surpreendemos com as respostas e elas deveriam ser a chave do cofre.

É natural e humano buscar a comodidade e normalmente somos contra mudanças. Quem de nós não torceu o nariz a alguma novidade? Alguns achavam e-mails inúteis, outros jamais teriam celulares, alguns não queriam ser seguidos, outros consideravam desnecessário um ar-condicionado no carro, alguns ainda são contra pagamentos pelo internet banking, outros se recordam saudosos do videocassete. Infelizmente ou felizmente o tempo vai adiante. Novas descobertas são feitas, robôs substituem os seres humanos em algumas atividades, a comunicação é feita em tempo real, e o jornal (de papel) de hoje já está pelo menos 24 horas atrasado.

Uma recente pesquisa de uma empresa, veiculada por um

grande jornal e por uma rede televisiva, afirmou que de cada 10 empregos disponibilizados no país, nove são preenchidos por QI, ou seja, por "Quem Indicou". Em um país que começa a ter falta de mão de obra especializada, que começa a importar mão de obra de outros países, esse índice é naturalmente importante, pois demonstra que para conseguirmos um emprego hoje, temos que saber primeiro quem conhece o nosso trabalho, quem sabe que estamos desempregados, quantas pessoas fazem parte da nossa rede de relacionamentos e quem valida o nosso trabalho.

Nós, seres humanos, adeptos do não mexer em time vencedor, continuamos procurando empregos quando estamos desempregados, queremos carteira de trabalho assinada e benefícios trabalhistas. Continuamos nos lembrando dos amigos quando necessitamos e colocamos a culpa no governo, no entrevistador, em terceiros. Quando assumiremos nossa parcela de culpa?

Ao analisarmos um jogo on-line comum no Brasil, devemos nos lembrar de nossa rede de relacionamento. Temos que plantar para colher. Colheitas tardias matam a nossa rede de relacionamento. Os bônus vêm da qualidade do que produzimos. Todos os dias existem novidades e novas oportunidades. Quando melhoramos nossos cuidados, chegamos a novas fases. Assim é uma rede de relacionamento. Diariamente precisaremos regá-las, precisaremos nos comunicar com elas e sermos diretos na comunicação. Não basta enviar um currículo, dizer que estamos desempregados. É preciso expressar o que sentimos, mostrar que podemos através de palavras e atitudes. Faça contatos. Olhe nos olhos, em eventos. Participe como convidado, escreva textos sobre o que você conhece, compartilhe o que sabe, não importa com quem. Não espere nada em troca, não cobre nada em troca. Dê tudo de si e você verá que receberá mais do que imagina.

É quase impossível hoje ignorar uma rede de relacionamento, mas é importante saber utilizá-la. Um dos maiores defensores e conhecedores das redes de relacionamento no Brasil há 20 anos já defendia que deveríamos trocar cartões de visita e mostrar tudo que sabemos. Tudo isso continua válido. Porém, agora de forma pessoal, corporativa e virtual. Nosso cliente de hoje pode ser nosso empregador de amanhã. Nosso fornecedor de hoje pode ser nosso cliente amanhã, nosso empregador de hoje, pode ser nosso sócio amanhã. O mundo está mudando rapidamente, as relações entre as pessoas e as empresas mudam ainda mais rapidamente. Hoje, as repercussões podem ser locais, nacionais e até mundiais. Recentemente, durante a copa na África do Sul, uma campanha contra um narrador esportivo ganhou proporções mundiais. Quem não se lembra de conjuntos musicais que surgiram primeiro na internet?

Estamos passando por mais uma mudança de comportamento humano. A cultura está mudando. Porém, as pessoas podem definir essa nova cultura e o seu papel. Basta que escolham entre fazer parte da mudança ou serem mudadas por ela. Tente olhar as razões de todos os lados, entender de onde as coisas vêm, buscar oportunidades nas ameaças. Tente criar sua própria rede de relacionamento, mas jamais deixe de fazer parte de redes que tenham informações importantes para o seu dia a dia, pois é nessas redes que você atualizará todo o seu conhecimento e poderá demonstrar suas capacidades.

Quantos de nós poderemos responder com toda certeza o que nossos vizinhos fazem e o que nossos ex-colegas de faculdade estão fazendo atualmente? Alguns de nós temos a sorte de termos amigos desde nossa infância. Porém, a maioria de nós não consegue se lembrar de pessoas que estavam conosco na última oportunidade de conhecimento mútuo, como um curso universitário. Em alguns países são comuns as festas de ex-alunos a cada cinco anos. Aqui no Brasil isso também começa a ganhar força entre os mais jovens, que têm buscado nas redes de relacionamento oportunidades de trocar experiências, oportunidades profissionais e conteúdo.

Que tal começar a procurar aquele colega de faculdade que fazia todos rirem, aquele amigo de infância que brincava com você, aquele que era importante nos esportes do seu colégio, aquele que estava ao seu lado nas fotos dos parabéns a você dos 10 anos de idade. Tenha certeza que ao reencontrar pessoas que já fizeram parte de sua rede de relacionamentos você se surpreenderá como sua vida poderá mudar. Nunca se esqueça: novas redes surgem a cada dia e a diferença entre os empreendedores e o comodismo é a forma com que ambos enxergam um acontecimento. Você chora ou você vê a oportunidade de compartilhar seus lenços?

Allison Lannes

Executivo do Grupo Confraria e criador de redes de relacionamento profissionais, como ConfrariaRH, ConfrariaTI e Confraria das Secretárias. É engenheiro e administrador de empresas, com diversas formações em gestão de negócios, especialista em facilitar integrações profissionais e negociações empresariais, e criar grupos multifuncionais. Foi executivo de grandes empresas atuando na área de Recursos Humanos, Estratégia Empresarial e Planejamento. Atualmente, vem sendo convidado por diversas empresas e universidades para dar treinamentos de redes de relacionamento. Escreve textos para os grupos de que participa e tem materiais publicados em jornais do Brasil e do exterior.

Site: www.confrariarh.com.br

E-mail: alannes.dir@grupoconfraria.com.br

Telefone: (11) 2083-5811

Anotações

25

3

Inovação em RH:
Aprendizagem transformacional com o coaching

27

O novo paradigma para o século XXI passou a ser "Educação para toda a vida", tomando o lugar do "Emprego para toda a vida", com discussões sobre a questão da ética, os valores humanos e a conduta profissional no palco do mundo empresarial

Ana Rocha

O mundo tem passado por diversas transformações nos últimos anos. No âmbito familiar os relacionamentos mudaram, a relação entre pais e filhos não é mais a mesma de 30 anos atrás, a sociedade mudou adquirindo novos comportamentos, velhos paradigmas foram substituídos por novos, o consumidor ganhou força notável na relação com as empresas, pressionadas por produtos que agreguem mais valor, além de excelentes atendimentos.

Neste contexto, a empresa começou a rever sua atuação e ganhou sentido mais amplo do que somente produzir produtos e serviços. A relação do homem com o trabalho também mudou. Segundo dados do Ministério do Trabalho, há 40 anos o anseio de um pai era que seu filho fizesse carreira em uma empresa bancária ou metalúrgica, se especializasse em uma função e se aposentasse na mesma companhia, baseado na segurança do registro em carteira, na quantidade de benefícios que a empresa oferecia ou ainda na garantia do emprego vitalício, proporcionada pelo funcionalismo público. Nesse mover, o jovem nascido a partir da década de 80, que vivenciou um mundo com a chegada da internet, do videogame, do celular, passou a ansiar por novos sentidos na relação com a sua profissão e sua vida. Novas profissões foram surgindo, como hotelaria, webdesigner, tecnólogo em recursos humanos (que até então era uma área de psicólogos e administradores), entre outras áreas que formataram uma necessidade de transformação e rapidez para atender a uma geração chamada Y. Geração composta por profissionais que entram nas organizações muito cedo, tem pressa de avançar na carreira e sede de viver intensamente sua atuação nas organizações, consequência da Era Tecnológica e do Conhecimento. Essa geração fez uma reviravolta na relação educação e trabalho. As organizações tiveram que aprender novas formas de motivar para reter estes talentos e diversos processos de desenvolvimento de pessoas começaram a ser implantados nas organizações.

Diante deste cenário, a área de recursos humanos ganhou expressivo espaço nas empresas, já que antes sua atuação se resumia ao operacional (com as folhas de pagamento e nas relações com os sindicatos) e passou a ganhar a denominação de *"RH Estratégico"*. Se o mundo pedia inovação, a área de Recursos Humanos acompanhou este processo e inovou. O funcionário passou a ser visto não mais como "um recurso" mas como indivíduo com necessidades únicas e grandiosidade. A área de treinamento, que no passado tinha foco em "treinar" as pessoas a fazerem as tarefas e adequar cada pessoa a seu cargo, começou a ganhar nova visão[1]. No modelo tradicional e

1 - CHIAVENATTO, Idalberto. Gestão de Pessoas: e o novo papel dos recursos humanos nas organizações. Rio de Janeiro: Elsevier, 2004.

passado, a carreira baseava-se em uma única função ou especialização e o aprendizado se limitava a um único tipo de treinamento, seguido por anos de prática. O novo paradigma para o século XXI passou a ser "Educação para toda a vida"[2], tomando o lugar do " Emprego para toda a vida". Sendo assim, novos conceitos, como autodesenvolvimento, planejamento de carreira e aprendizado contínuo começaram a fazer parte das discussões em desenvolvimento de pessoas. Passou-se também a discutir a questão da ética, os valores humanos, a conduta profissional no palco do mundo empresarial.

O RH estratégico nesse cenário terá como desafio garantir uma aprendizagem transformacional que o formato tradicional não atende. O modelo de sala de aula com a transmissão de conhecimento, principalmente em cursos comportamentais, sem envolvimento do outro, gerará pouca responsabilidade do profissional dentro das organizações a adquirir novos comportamentos. Uma das grandes preocupações das empresas é introduzir comportamentos como confiança, trabalho em equipe, solidariedade, lealdade, ética e liderança servidora, entre outros.

Neste cenário de inovação organizacional, a área de Recursos Humanos deverá se aprofundar na essência do Ser Humano para entender as complexidades que o envolvem, e criar um ciclo de aprendizagem genuína que garanta a competitividade que este século exigirá.

A metodologia efetiva que garantirá a aprendizagem transformacional é o ***Coaching***. Há aproximadamente 18 anos, Vicky Bloch, da Vicky Bloch Associados, foi uma das pioneiras no Brasil a trazer o conceito de Coaching. Passados esses anos, muitos profissionais de recursos humanos ainda não sabem ao certo o que é coaching nem a efetividade dele em desenvolvimento de pessoas. Em inglês, a palavra coach significa "treinador". Proveniente do mundo dos esportes, esse termo se estendeu pelo mundo corporativo diante de novas necessidades de crescimento das pessoas nas organizações. Segundo Leonardo Wolk[3], *"Coaching é mais que treinamento... é entendido como disciplina, arte, procedimento, técnica, e também estilo de liderança, gerenciamento e condução. Ou seja, "processo de aprendizagem".* Ainda embrionário no Brasil, o coaching tem se profissionalizado por meio de instituições licenciadas, que oferecem as certificações, e o mercado está se aquecendo com muitos profissionais para atenderem a essa demanda. Como implantar uma cultura de coaching na organização? Como inovar o desenvolvimento de pessoas utilizando essa metodologia e garantir resultados mensuráveis? Qual deve ser o papel dos profissionais de recursos humanos neste novo

2 - LYONS, Laurence. Coaching. O Exercício da Liderança. Rio de Janeiro: Campus, 2003.
3 - Wolk, Leonardo. Coaching: a arte de soprar brasas. Rio de Janeiro: Qualitymark, 2008.

ciclo de aprendizado individual e organizacional? Diante desses questionamentos, a proposta é compartilhar a minha experiência como profissional de recursos humanos e encorajar meus colegas nesta nova visão sobre desenvolvimento transformacional.

O primeiro passo é que conheçamos o que é coaching. Nos cursos destinados à área de recursos humanos este conceito é pouco fundamentado. Nas literaturas existentes, é possível ter contato com o conceito e a metodologia. No entanto, é vivenciando a técnica através das formações em coaching é que podemos analisar a sua efetividade. Os cursos disponíveis no mercado já não são realizados somente por aqueles que querem seguir a profissão coach, mas por aqueles que almejam conhecer o método, aprofundar-se no entendimento dele, na aplicabilidade na empresa e até na busca do autoconhecimento. Depois de vivenciar o processo de formação, senti-me mais segura para introduzir a cultura na organização em que atuo. O segundo passo é questionar que público na sua organização necessita de um trabalho de coaching. Quais são os propósitos que se almeja alcançar? Estão alinhados com a estratégia da empresa? Quais são os riscos ao trabalhar autoconhecimento no funcionário, visto que ele entrará em contato com seus valores e poderá confrontar se estão de acordo com a organização? Outro ponto importante é pensar sobre a importância de a minha empresa iniciar um processo de aprendizagem transformacional. Segundo Wolk, *"chamamos de aprendizagem organizacional os processos que conduzem ao incremento da capacidade de ação efetiva das organizações... uma condição para que isso ocorra é que os indivíduos que a compõem modifiquem sua forma de agir. Eles constituem a via através da qual a organização se expressa"*. No ciclo de aprendizagem organizacional, o coaching vem com a proposta de aprendizagem pelas lideranças, pois serão elas que construirão o conhecimento para os demais níveis hierárquicos, ou seja, se elas incorporarem a mudança, servirão de exemplo para toda a organização. Segundo Vicky Bloch, *"coaching é um exercício da Liderança que conduz ao alto desempenho pela construção de relacionamentos, pelo amadurecimento dos líderes oferecendo a estrutura e o processo necessário às verdadeiras transformações"*. Com esta visão bem difundida, a área de recursos humanos pode optar por um coach externo ou interno. No externo, deverá procurar um profissional ou empresa que atue de forma séria com os fundamentos do coaching bem estruturado e com experiência para este processo.

Atualmente coordenando um programa de desenvolvimento de lideranças de uma empresa de grande porte, tive a oportunidade de implantar a Cultura do Coaching, e de acordo com a cultura da organização optamos por realizar um trabalho-piloto com 15 líderes, que receberam avaliações de seus liderados (ou seja, feedback) e terão que repensar sua forma de liderar.

Como profissional de recursos humanos, inovei optando por vivenciar o processo, ao invés de contratar um coach externo e participar somente do acompanhamento do processo. De forma ousada, tornei-me coadjuvante da Aprendizagem Transformacional do meu time de Líderes, sendo esta a minha grande missão.

Para realizar este processo, foi necessário me aprofundar, estudar e buscar a formação necessária para atuação. Fizemos material de divulgação para todo o grupo de Líderes, explicamos de forma que todos entendessem o conceito e principalmente dois aspectos foram importantes para o fortalecimento do processo. O primeiro foi desmistificar o conceito de que coaching nas organizações é para quem tem algum problema, "um castigo". Na primeira sessão, introduzi o conceito como método de aprendizagem, mas muito mais vivencial, rico e transformacional. Ampliei a visão do líder, pois a empresa está investindo no desenvolvimento e no crescimento dele como pessoa. Com isso, o processo ganha mais força.

Outro aspecto é a confiança que as pessoas precisam estabelecer com o coach, para que possam se abrir e entrar em transformação. Isso só é possível com o comportamento do coach baseado na ética de sua atuação, e com seriedade.

Iniciamos este processo há menos de três meses e só poderemos medir os resultados para o indivíduo e para a organização a longo prazo, mas posso vislumbrar uma mudança na essência de cada líder, já que cada um deles está saindo da zona de conforto (eu sei como liderar), passando pela zona de confronto (novos conhecimentos) e chegando à zona de transformação (novas atitudes e comportamentos). A vivência tem sido enriquecedora. A cada sessão descubro um pouco mais a essência do ser humano, suas crenças limitantes e fortalecedoras, seus valores, paradigmas e modelos mentais. Com essa experiência, cresço como indivíduo e adquiro novas aprendizagens transformacionais, pois me esvazio e entro no mundo do outro. Isso enriquece a missão de quem escolheu uma área para cuidar do "recurso ***humano***". Agora que já implantei o processo, expandiremos a atuação do método coaching com mais líderes, por meio de uma equipe de coachs internos e externos. Sinto-me fazendo parte do desenvolvimento real de que sou responsável. É importante ressaltar que no meu caso, um grande facilitador foi a visão da minha Diretora de Recursos Humanos, que busca propiciar um ambiente inovador e permite constantemente expandirmos fronteiras. Devo a ela a possibilidade de vivenciar esta experiência.

Finalizo este artigo encorajando meus colegas da área a buscarem muito mais entendimento do ser humano e de suas complexidades do que simplesmente entender de técnicas e metodologias de RH. Inovar na nossa atuação é ousar despertar a transformação genuína, que trará resultados a longo prazo para a sustentação da empresa e de uma sociedade mais justa e plena.

Ana Rocha

34

Profissional com forte atuação na área de Recursos Humanos e seus subsistemas, tem foco em Treinamento e Desenvolvimento de Pessoas. Graduada em Comunicação Social pela Fundação Cásper Líbero, Gestão de Recursos Humanos pela Unifai e Especialização em Pedagogia Empresarial pela FMU. Experiência em Coordenação de Equipes e Projetos de Desenvolvimento Organizacional, com destaque para Programas de Desenvolvimento de Lideranças, Avaliação de Desempenho, Coaching e Universidade Corporativa. Personal e Professional Coach pelo Behavioral Coaching Institute, membro da Sociedade Brasileira de Coaching. Atua como Coordenadora do Programa de Desenvolvimento de Lideranças de uma empresa de grande porte no ramo de alimentação e ministra palestras em Universidades sobre os temas: liderança e coaching.

E-mail: aluciarocha@hotmail.com

Telefone: (11) 9343-1757 / 2855-2515

Anotações

4

O poder da visão

Você sabe exatamente o que quer para o seu futuro? Se estiver em dúvida, comece a desenvolver sua visão para o futuro pretendido com esforços, atitudes e ações

Bernardo Leite

Este é um tema que deriva da nossa experiência nas atividades de coaching e no desenvolvimento de Empreendedores. Para o empreendedor, a visão é razão de vida e no coaching a sua reflexão é, em muitos casos, o início do processo de desenvolvimento autônomo.

Desenvolver o poder da visão é como definir um alvo. Mas um alvo que não se enxerga, mas se sente e está presente em todos os momentos e algumas vezes é um incômodo. Atormenta e por vezes nos intimida, mas principalmente nos move! De maneira geral, é uma lembrança positiva, mas não é, necessariamente, um fator agradável. Algumas vezes pode ser uma situação que queremos evitar. Por exemplo, infância pobre é um item que frequentemente está presente nas pesquisas que realizamos para aprofundar a questão sobre a formação do empreendedor.

Mas podemos dizer, sem temor, que a visão é uma expectativa futura. Expectativa que deverá nos conduzir a ações de busca, de construção e de realização desse alvo e da nossa realização pessoal.

Há um engano natural na criação das expectativas futuras consignando valores financeiros como objetivo. Quero ser rico! Quero ter dinheiro para não me preocupar com o futuro. Isso não pode ser entendido como objetivo. Como não se preocupar com o futuro?

Se pudermos definir que se quer ter dinheiro para alcançar tal objetivo, então teremos um objetivo. Mas dinheiro não pode ser considerado um objetivo em si próprio e sim um meio para o objetivo (senão vira neurose). Mas sempre teremos que pensar em alternativas, pois se não se conseguir o dinheiro pretendido, ou necessário, deveremos saber quais serão nossas estratégias alternativas para viabilizar esse objetivo. Parcerias, apoios e o que mais pudermos imaginar.

Esses são os princípios da criação de uma VISÃO. São esses valores que vão nos conduzir para um futuro pretendido. E é disso que estamos falando, de um futuro pretendido e criado com nossos esforços, nossas ações.

São esses valores que vão nos manter no rumo, mesmo no meio de uma tempestade. Ou que vão conseguir nos levantar quando o desânimo chegar. Porque ele chega! E quando chega não é simples enfrentá-lo, até porque o desânimo nos remete a vários sentimentos, desde a baixa estima como a própria culpa por ter desanimado. Não é fácil!

Sem dúvida, manter a determinação em direção aos objetivos é sempre uma difícil batalha, mas não se compara com a dificuldade em se definir aonde se quer chegar. É muito mais difícil definir, com clareza, qual é o objetivo. O que realmente queremos para nosso futuro, de verdade, e não apenas uma resposta para uma situação pontual do nosso presente.

Temos que desenvolver um enorme esforço de desprendimento para entender o cenário que pretendemos alcançar. Tentarmos nos aliviar das forças que interferem diretamente na nossa avaliação da realidade.

Tentar olhar acima da nossa representação da realidade, isto é, olhar além do que limita nossa inescapável incapacidade de olhar. Somos frutos das representações que fazemos do mundo, das influências de ontem e de hoje e precisamos nos entender melhor, olhando mais para nós do que para os outros. Procuremos nos aproximar da utopia da isenção.

Analisar com detalhes que outras forças (poderosas) estão interferindo na nossa avaliação da projeção da meta ou da decisão. Queremos realmente o que queremos ou estamos tentando responder a alguma coisa, a algum desafeto, a um ressentido fator de emoção que se foi?

Por exemplo, "dar a resposta" para alguém é a mais frequente das influências nas nossas decisões. Esse é um bom parâmetro para a decisão? Sem dúvida que não, e é por isso que algumas decisões nos levam para outros problemas (às vezes maiores que o original).
Por isso precisamos iniciar "desenhando a visão"!

Começamos a ter vontade, formatando, pouco a pouco, uma ideia mais concebida que, por sua vez, se transforma em projeto, que se converte em estratégias e ações.

Esse é o processo. "O passo anterior me move para o próximo, quase espontaneamente!"

Neste ponto temos que utilizar uma ferramenta essencial. Faça anotações em qualquer lugar (vários empreendimentos de sucesso tiveram início em anotações em guardanapos).

É esperado que neste momento alguns cenários comecem a se manifestar. Começam a se formar "links" com dados de realidade.
Cenas são criadas em sua imaginação e se transformam em imagens, roteiros, esquemas e "construções".

Primeiro projeto deve ter complementação com algo escrito. A escrita é mágica, permite que nos vejamos de fora, assim como podemos ver nossas ideias, posições, etc.

E então projete o futuro. Sim, isso mesmo. Projetar o futuro é essencial para nosso desenvolvimento e todos nós temos essa capacidade. Fazemos isso diariamente, até para sobreviver.

Não projete para acertar. Faça-o para analisar. Aprofunde sua análise de causa e efeito, de forma a perceber que ações poderão encaminhá-lo para o objetivo pretendido.

Caminhe, mesmo sem o entendimento perfeito, e na medida

do desenvolvimento vá verificando, analisando, pesquisando. Você pode mudar, recuar, avançar, melhorar.

Em suma, dedique seu melhor tempo para "criar sua Visão". Essa noção vai ancorar seu caminho até seus objetivos. Mas não esqueça que a Visão terá que ter (e não apenas deverá ter) algo de muito pessoal. Neste caso, a emoção estará presente. Apenas este fator tornará essa Visão algo a ser seguido em qualquer circunstância. Agregue paixão a essa definição. Caso contrário, ela será apenas uma boa intenção.

Mas não se esqueça: é necessário sempre ter uma visão, não uma visão para sempre. É necessário rever, mudar e criar novas visões. Esse é o verdadeiro processo de desenvolvimento. Entenda-se como um ser espiritual, tendo religião ou não. Acredite no sobrenatural ou não. Entenda-se como parte do mundo e de todas as energias dele. Acredite que os "astros conspiram a favor" quando estamos convictos e determinados.

Em suma, entregue-se para seu futuro!

Bernardo Leite

É Sócio - Diretor da Bernardo Leite - Consultoria Empresarial e da RH Estratégia – Recrutamento e Seleção. Sua formação como um renomado psicólogo especializado em Administração de Empresas é aliada a 25 anos de experiência em diversos segmentos empresariais em nível gerencial e diretivo. Tem formação em Psicologia com Pós-Graduação em Administração de Empresas. Desde 1980 desenvolve trabalhos de Consultoria em Gestão, Desenvolvimento de Lideranças, Planejamento Estratégico e ações de Coaching Personalizado. É palestrante com intensa atividade e alta receptividade de mercado. Professor universitário há mais de 30 anos em nível de pós-graduação (Mauá / FGV / Anhembi Morumbi / etc). Autor dos livros: Ciclo de Vida das Empresas (1999) e Dicas de Feedback (2009). Participou, também, do livro Manual de Treinamento & Desenvolvimento (versão 2008). Coautor do livro "*Ser + Líder*" (editora Ser Mais, 2010).

Site: www.bernardoleite.com.br

E-mail: bernardo@bernardoleite.com.br

Telefone: (11) 5041-0166

Anotações

43

5

RH diferente focado na consolidação de uma estratégia

Gestão de pessoas é parte integrante da estratégia das empresas de sucesso, sustentada por cultura de alto desempenho, ambiente de trabalho saudável e reconhecimento contínuo. No Grupo MAPFRE, seus colaboradores estão comprometidos com os valores e princípios da empresa

Cleide Fonseca Rodrigues

Cleide Fonseca Rodrigues

A MAPFRE é líder do mercado segurador da Espanha, país-sede da organização, está presente em dezenas de países, respeita as características de cada um deles e difunde em todas as suas unidades sua cultura organizacional e os ideais definidos pela matriz.

A edificação dos relacionamentos é um dos valores que fazem parte da empresa, desde sua origem: com uma visão voltada para a responsabilidade empresarial e social, a empresa organiza suas ações, determina sua trajetória, desenvolve sua atuação com base no diálogo e desempenha seu papel de liderança na busca do equilíbrio entre os diferentes interesses, sejam eles internos, junto a seus colaboradores, ou externos, com seus clientes.

No Brasil também é assim. Desde o início de sua história no país, há 18 anos, procura trilhar o caminho do respeito e comprometimento, reconhecendo sempre o valor de seu capital humano.

A **Visão de Futuro** do Grupo MAPFRE estabelece: *"Nossos colaboradores estarão comprometidos com os valores e princípios da MAPFRE. Incentivaremos atitudes positivas que gerem clima de coesão, confiança, motivação, bem-estar e elevada qualificação profissional, proporcionando capacitação, remuneração fundamentada em desempenho, reconhecimento e estímulo a uma cultura de alta performance"*.

Esta visão incentiva as habilidades, preza o capital intelectual e preserva a individualidade. O respeito e a credibilidade são a base de uma relação construída entre a liderança e seus colaboradores, marcada por uma comunicação clara e transparente por ambas as partes.

Para a empresa, o desempenho do negócio está diretamente relacionado ao grau de satisfação dos colaboradores. Por isso, a Gestão de Pessoas é parte integrante da estratégia empresarial, sustentada por três pilares – Cultura de Alta Performance, Ambiente de Trabalho Saudável e Reconhecimento Contínuo –, que norteiam todas as ações desenvolvidas pela companhia a seus colaboradores.

O desafio colocado para a Diretoria de Desenvolvimento de Recursos Humanos é contribuir para o crescimento empresarial estimulando continuadamente a satisfação pessoal e profissional do grupo funcional, obtendo como resultado a retenção dos colaboradores que fazem a diferença.

A Diretoria de Desenvolvimento de Recursos Humanos tem por **Missão**: "Prestar serviços de qualidade baseados na Estratégia de Pessoas, atuando como facilitador do desenvolvimento profissional e processos de mudanças, criando condições para que haja um ambiente com integração, motivação e comprometimento dos Colaboradores, alinhado à Gestão de Alta Performance".

A área de RH adota como estratégias de gestão: *Atitude*

humanitária, Visão Holística e Atendimento com Excelência. Cada uma destas estratégias se desdobra em projetos, que por sua vez são executados segundo um conjunto de ações lideradas pela Diretora de Desenvolvimento de Recursos Humanos.

O processo contínuo de atualização da área de RH levou à criação de seis diferentes gerências, cada uma focada em elaborar programas para atender demandas específicas da empresa e dos Colaboradores, além de uma superintendência de Endomarketing que apoia todas as ações desenvolvidas pela área. Esses programas se complementam de modo a guiar os Colaboradores em busca de novos desafios, compatibilizando a capacitação por resultados com uma gestão voltada ao atendimento de suas necessidades individuais.

Três das gerências coordenadas pela Diretoria de RH administram assuntos relacionados à Remuneração, Administração de Pessoas e Benefícios. As outras quatro gerências – de Desenvolvimento e Performance, de Aconselhamento, Seleção e Diversidade e a de Consultoria de RH e Coaching completam o extenso plano de Desenvolvimento de Pessoas criado pela companhia.

Para contribuir efetivamente para o planejamento estratégico traçado, a área de Recursos Humanos utiliza um modelo participativo de **gestão por competências,** baseado em eficiência, busca de resultados, flexibilidade, produtividade, competitividade e aplicação adequada de recursos.

A **gestão por competências** orienta a inclusão de ações que compõe um sistema dinâmico dos principais processos de RH: abertura de novos cargos, captação e retenção de talentos, formação de líderes, remuneração, sistema de gerenciamento de desempenho, educação, conhecimento, desenvolvimento profissional e pessoal e reconhecimento. O grande diferencial na gestão dos Recursos Humanos da empresa é aplicar o modelo de competências com uma metodologia que garante a transparência para todos os envolvidos. Dessa maneira, cada Colaborador acompanha seu desenvolvimento e é o gerenciador de sua própria carreira.

Em conjunto com o mapeamento de competências, utiliza um processo de acompanhamento de evolução de carreiras que contempla cinco etapas: **Avaliação** (por competências), **Avaliação de Desempenho**, **Avaliação da Performance**, **Comitês de Gestão de Pessoas** e **Gerenciamento da Performance**.

Uma gestão de RH eficiente deve ter atitude pró-ativa, ser agente de ações estratégicas que promovam a transformação humana e organizacional. Valorizar o profissional é uma tarefa que exige atenção e cuidado. Não basta somente treinar, incentivar e recompensar. É preciso informar, incluir e participar. Instituir novas e diferentes práticas para desenvolver as equipes, os gestores e colaboradores. Criar vínculos sólidos entre as lideranças e os colaboradores e entre os objetivos da empresa e os ideais de cada um.

As gerências de RH são responsáveis pela criação de diversos programas que visam à conquista de Alta Performance com cursos de desenvolvimento de apoio à carreira e à vida pessoal dos colaboradores. São elaborados mecanismos que demonstram o Reconhecimento da MAPFRE a seus colaboradores com premiações e recompensas. Para garantir a qualidade do ambiente de trabalho, a companhia desenvolve o Programa de Ação Social, o de Qualidade de Vida e o POP, que oferece apoio pessoal e profissional, orientação e ajuda nas horas difíceis, tanto para seus colaboradores quanto para a família deles.

Alinhada com os modernos conceitos de gerenciamento de pessoas, a área de RH elegeu o Endomarketing como principal instrumento de consolidação das ações elaboradas por todas as gerências que administra. A Superintendência de Endomarketing é poderosa ferramenta de gestão para implantar um sistema integrado de comunicação interna, utilizada para reforçar o posicionamento da área como ponte entre a alta direção da companhia e seus colaboradores.

A área de endomarketing atua focada em apoiar a formação da imagem de confiança e credibilidade dos líderes e lhes fornece subsídios para que suas mensagens cheguem a todos os colaboradores e sejam uma prova clara de como o que é planejado é praticado. Os canais de comunicação internos transmitem aos colaboradores da empresa os benefícios e diferenciais de cada um dos programas e eventos realizados pela Diretoria de Desenvolvimento de Recursos Humanos. Os veículos internos de informação contribuem para a formação da imagem de confiança e credibilidade dos líderes e lhes fornece subsídios para que suas mensagens cheguem a todos os colaboradores e sejam prova clara de como o que é planejado é praticado.

Na empresa, mais de 2.500 pessoas desfrutam de uma política de RH moderna, que tem por objetivo promover a satisfação pessoal, funcional e empresarial. Mas é na forma como estabelece os relacionamentos que a empresa se diferencia. O mesmo lema que a empresa adota no relacionamento com os clientes – fornecer a melhor qualidade de atendimento – também é praticado internamente no trato da Diretoria de Desenvolvimento de RH com os colaboradores.

Utilizando o slogan "A Seguradora Diferente", pratica um diálogo franco, sem reservas e diferente. Uma diferença construída a cada dia em cada uma das ações elaboradas para que a liderança da empresa e seus colaboradores se vislumbrem como iguais no sentimento que os une, no orgulho de trabalhar numa empresa que valoriza o ser humano.

Cleide Fonseca Rodrigues

Diretora de Recursos Humanos da MAPFRE Seguros. Graduada em Psicologia Empresarial, Pós-graduada em AMP (Advanced Management Program) pelo Iese Business School of the Navarra in Barcelona and Madrid, MBA em Recursos Humanos na USP (Universidade de São Paulo) e MBA em Gestão Empresarial na FGV (Fundação Getúlio Vargas), tem 19 anos de experiência em Recursos Humanos.

Site: www.mapfre.com.br

E-mail: cfonseca@mapfre.com.br

Telefone: (11) 5112-7020

Anotações

6

Você é apaixonado pelo que faz?

Como gerar maior satisfação no ambiente de trabalho e experimentar a emoção de ser uma pessoa apaixonada pelo que faz

Dalmir Sant'Anna

A Revolução Industrial, iniciada na Inglaterra no século XVII, trouxe consigo um conjunto de transformações econômicas, tecnológicas e de descobrimentos científicos. Verificou-se a passagem da energia humana e de sistemas domésticos (manufatura) para a energia motriz (maquinofatura), com a transformação do **trabalho** em **emprego**, gerando uma nova cultura para ser experimentada e uma antiga, para ser desconsiderada. Conforme o professor e historiador José Jobson de Andrade Arruda (1994, p. 08), a "Revolução Industrial é a culminância de um processo secular, com raízes fundidas na crise do sistema feudal, que consolida o modo de produção capitalista, que instaurou um sistema econômico-social, com forma peculiar de Estado e ideologia específica".

Junto a essa estruturação, surge a reflexão sobre a paixão em trabalhar, em gerar satisfação no ambiente de trabalho e experimentar a emoção de ser uma pessoa apaixonada pelo que faz. Paixão na estrutura organizacional é percebida pela criatividade, cordialidade, pró-atividade, determinação e otimismo demonstrados pelos profissionais das mais diversas áreas. A satisfação é constatada pelo desejo de fazer uma atividade com o sentimento de amor. Jamais esqueça que ninguém pode amar por imperativo, pois o amor é uma reação de sentimento e não uma questão moral. Em grego, a palavra EROS significa amar e desejar. No ciclo dos mitos olimpianos, EROS (cupido, para os romanos) é representado como uma criança travessa, ocupada em flechar os corações alheios, para torná-los apaixonados.

Talvez por trabalhar durante muitos anos na concepção de exercer uma atividade direcionada à tortura, com movimentos rotineiros, esteja distante do homem o sentimento de desejo e de amor ao seu próprio trabalho. O homem, reduzido a gestos mecânicos, tornado de maneira ilustrativa como "um homem esquizofrênico", foi retratado no clássico do cinema "Tempos Modernos", de Charles Chaplin (1889/1977). O filme focaliza a vida urbana nos Estados Unidos nos anos 30, quando a depressão atingiu a sociedade norte-americana. Ao conseguir emprego em uma indústria, Carlitos (Charles Chaplin) transforma-se em um operário engolido pelo poder do capital e perseguido por suas ideias subversivas.

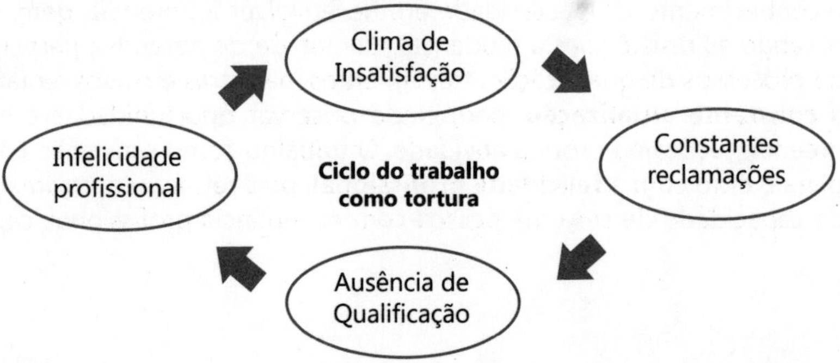

O trabalho como tortura é um ciclo de vício com a escassez de descobertas. Tem seu início pela demonstração constante de uma aparência de desgosto e um **clima de insatisfação**, apoiado por **constantes reclamações** sobre os atributos pessoais e profissionais. Nesse estágio, o trabalho não encontra crescimento pelo princípio de que é mais fácil apresentar justificativas do que encontrar soluções para um determinado problema. A **ausência de qualificação** reflete na limitação de ideias, na contribuição com sugestões de melhoria e no desenvolvimento de novos projetos. O trabalho como tortura completa o ciclo com a **infelicidade profissional**, que destaca o distanciamento da emoção pessoal em fazer uma atividade com satisfação. Uma pessoa que faz do trabalho uma tortura demonstra falta de comprometimento e com frequência fica oculto atrás de problemas. Opta por manter estabilidade na carreira, solicitar atestados médicos, e com um feriado no meio da semana encontra um motivo a mais para comemorar seu afastamento do trabalho.

Em perspectiva oposta, o trabalho como satisfação é um ciclo de constante crescimento com novas descobertas diárias, geradas pelo estímulo de fazer sempre o melhor e a vontade de sempre aprender algo novo. O ciclo do trabalho como satisfação tem início pela demonstração de um **clima de valorização**, apoiado pelo desejo de **superar desafios** pessoais e profissionais. Estudos desenvolvidos por Elena Antonacopoulou (2000, p. 266) reforçam que "um clima construtivo encoraja os indivíduos a ter atitudes positivas com a aprendizagem e o reconhecimento da necessidade em desenvolver a aprendizagem, superando as resistências à mudança". A vontade de aprender, participar de processos de qualificação, treinamentos, palestras e cursos, enfatiza a **constante atualização**, permitindo observar oportunidades e empreender ações na própria atividade. O trabalho como satisfação completa o ciclo com a **felicidade profissional**, pois reforça a aproximação da capacidade de ser uma pessoa com experiência profissional, capaz de refletir ideias, análise de tendências e perspectivas no mercado de atuação.

Importantes pesquisas e estudos realizados por Stephen Fineman (2001, p. 163) enfatizam a diferenciação entre emoções, sentimentos e indicam que "são processos que constituem a quintessência (quinto elemento das necessidades) da Humanidade, do funcionamento social e da ordem social. Os sentimentos ligam-nos a nossas realidades, proporcionam uma leitura pessoal, experimental de como estamos nos desempenhando? Onde estamos? O que desejamos? O que faremos a seguir? Nessa perspectiva, os sentidos são, em sua maioria, móveis. Nós interagimos com eles, refletimos sobre eles. Temos sentimentos sobre nossos sentimentos, orientados por *scripts* sociais existentes ou estoques de conhecimento." A pessoa que faz do trabalho uma satisfação encontra entusiasmo, determinação e perseverança para prosseguir com seus sonhos e projetos. Os olhos brilham ao contar sobre novas conquistas.

Quando sou convidado para apresentar palestra sobre os temas que abordam comprometimento e profissionalismo, gosto de fazer com que as pessoas reflitam, que qualquer pessoa, indiferente da área de atuação, precisa, além de vestir, transpirar e defender a camisa da organização, acreditar que suas decisões contribuirão para o resultado da satisfação com o fazer bem feito. Estar comprometido com suas decisões exige esforço para sair do comodismo e aceitar cada mudança como oportunidade. Significa entender que toda ação tem uma reação que pode contribuir para a contínua construção da sua trajetória de sucesso profissional. Da relação entre a satisfação com o trabalho deve emergir a emoção de alegria ao transformar o ambiente das organizações em um local propício ao fortalecimento do processo de aprendizagem. Sem satisfação, o ser humano mergulha em uma espécie de estágio de sofrimento, olhando para o relógio inúmeras vezes, para perceber quanto tempo falta para terminar o expediente de trabalho. Sem satisfação no trabalho, há um mal-estar frequente, que incomoda, pois nada satisfaz, nada parece ter força suficiente para alterar o rumo das atividades realizadas. Uma pessoa sem satisfação no trabalho freia bruscamente a criatividade, o desejo de inovar e reforça rotinas improdutivas.

Uma pessoa que demonstra ser apaixonada pelo que faz desenvolve um processo introspectivo de novas descobertas e de autorrealização, não sendo uma pessoa acomodada, que somente reclama do salário que recebe, mas com determinação pessoal, conjugada com a vontade de vencer, dedica parte do seu tempo para aprimorar seu desempenho e fortalecer suas próprias competências. No livro Menos pode ser Mais (2010, p. 117), explico que "a vida apresenta diariamente duas escolhas e cada pessoa pode parar nos **obstáculos** ou aprender por meio das próprias **superações**. Pode acreditar na **derrota** ou fortalecer a emoção pela **vitória**. A quantidade de letras é semelhante para as duas escolhas (palavras que estão em negrito), da mesma maneira como para **imaginar** e **realizar**".

A paixão pelo trabalho permite superar desafios, romper obstáculos e oferecer continuamente trabalho diferenciado, capaz de fornecer ferramentas para transformar um sonho em realidade e de encantar as pessoas que estão a sua volta. Substitua o comodismo pela vontade de aprender. Preocupe-se com o ambiente de trabalho, tanto por questões de melhoria como de valorização do clima. Seja hoje e sempre uma pessoa melhor e experimente a emoção de ser uma pessoa apaixonada pelo que faz.

Dalmir Sant'Anna

Palestrante comportamental, convidado para apresentar palestras em convenções de vendas, seminários e congressos, com conteúdo direcionado para o desenvolvimento de pessoas. Apresenta abordagem funcionalista com forte referencial teórico e prático sobre vendas, comprometimento, cooperação, liderança e gestão de negócios. Mestrando em Administração de Empresas (Univali), pós-graduado em Gestão de Pessoas, bacharel em Comunicação Social, mágico profissional. Autor do livro "Menos pode ser Mais" e coautor dos livros "Os 30 + em Atendimento e Vendas", "Os 30+ da Motivação do Brasil" (editora Three C), "Ser + Líder" e "Ser + em Vendas" (editora Ser Mais, 2010) e do livro "Educação 2010" (Humana Editorial). Foi premiado pelo SBT-SC com o Troféu Orgulho Brasileiro na categoria "Palestrante Des-taque Empreendedor". Palestrante aprovado com selo de qualidade WEC.

Site: www.dalmir.com.br

E-mail: dalmir@dalmir.com.br

Telefone: (47) 3347-1530

Anotações

7

Administração de tempo:
Ferramenta importante do profissional contemporâneo

Organizar o tempo determinando com assertividade prioridades e urgências no dia a dia do trabalho é o caminho mais rápido para a empresa e seus colaboradores se tornarem mais eficientes

Dr. Eduardo Ribeiro da Fonseca

"Para que planejar o tempo?", perguntaria um cético.

Minha resposta é a seguinte: a tendência do mercado de trabalho é dar grande importância à autonomia do profissional, o que implica confiabilidade, capacidade de prever logicamente a probabilidade de eventos futuros, níveis de organização elevados, e muita capacidade de planejamento no uso do tempo.

Já se foi a época em que o profissional estressado era bem-visto. Hoje, as capacidades de controlar a própria agenda de compromissos, de privilegiar os níveis de importância dos eventos, de diminuir o perfeccionismo inoperante e as condições de urgência em que vivemos são essenciais para o desenvolvimento da carreira. Tais capacidades são desejáveis porque permitem contínuo aperfeiçoamento para tomar decisões, têm caráter antecipatório e reduzem o risco de que ocorram as indesejadas e temidas urgências que nos atrapalham.

Você já parou para pensar sobre o quanto as urgências mascaram problemas que poderiam ser antecipados e não foram? Sobre o quanto elas resultam da procrastinação de compromissos? E sobre o quanto o conjunto das rotinas desorganizadas gera atrasos e erros na execução de tarefas ou na tomada de decisões?

Ou seja, administração de tempo é fator não apenas de economia de recursos, mas também de melhoria da qualidade da vida profissional coletiva de uma empresa e da capacidade de proporcionar boa qualidade de atendimento efetiva aos seus clientes.

Se cada profissional apresentar elevado nível de autonomia e de organização, todos serão capazes de reservar tempo para serem criativos e transformarem de modo mais profundo sua realidade cotidiana. Isso é muito desejável e abre portas para o profissional em empresas que buscam excelência. Inversamente, é fator que também deve ser considerado pelo profissional na hora de escolher uma boa empresa para trabalhar. Autonomia significa responsabilidade e condução do trabalho de acordo com regras, sem a necessidade de que outra pessoa nos supervisione passo a passo.

Outro aspecto importante ligado à administração de tempo é a redução do retrabalho em qualquer área de uma empresa, devido à instituição do hábito de revisar preventivamente as tarefas em busca de erros.

Nesse caso, fica evidenciado que a administração de tempo se ajusta bem a qualquer atividade exercida por um profissional e permite a todos funcionarem de acordo com uma linguagem comum.

Toda vez que existe tal linguagem acessível e compreendida por todos, aumenta consideravelmente o nível de sinergia da equipe de trabalho e ocorre uma melhoria da percepção do ritmo adequado dos processos, de tal forma que a sintonia entre as pessoas passa a ser mais importante que a competição entre elas. Todos os níveis hierárquicos das organizações dependem de um funcionamento conjunto harmônico no tempo e no espaço. Como ninguém consegue fabricar tempo, torna-se fundamental aprender a se organizar de acordo com critérios produtivos que evitem os desperdícios e nos permitam fazer o que é importante, de acordo com o objetivo do cargo e das funções que exercemos.

Quais fatores são levados em consideração para uma boa administração de tempo? Os principais destes fatores estão representados nos conceitos de prioridade, importância e urgência. A prioridade resulta da relação entre importância e urgência.

Esse último conceito faz com que muitas pessoas desinformadas julguem os métodos de administração de tempo com desconfiança e ceticismo. Para elas, quando falamos em administrar o tempo com consciência e método, as urgências parecem surgir como argumentos naturais contra as nossas nobres intenções.

As urgências, portanto, parecem ser potencialmente capazes de atrapalhar qualquer forma possível e imaginável de organização profissional. Elas parecem também contrariar com sucesso qualquer metodologia aplicada como antídoto, pois é difícil lidar com os desperdiçadores de tempo alheios. Além disso, nós mesmos desenvolvemos hábitos improdutivos que automatizam o nosso comportamento e determinam uma diminuição de nossa capacidade de realização pessoal e profissional.

Será a administração de tempo eficiente diante de certas situações de urgência? Nesse caso, parece não haver como se organizar de modo eficiente a certas situações imprevisíveis que surgem em nosso cotidiano. Isso deve inevitavelmente atrapalhar a agenda das coisas importantes que todos temos que realizar? Se assim for, estamos condenados ao estresse excessivo e à improdutividade? Muita gente pensa que sim, mas isso não é bem verdade.

As urgências ocasionais e irregulares são frequentes no comércio, no cotidiano dos bancos e também em outras atividades que envolvem o atendimento a múltiplos clientes. Elas parecem surgir "do nada" e nos apresentam questões a serem resolvidas e ações a serem deliberadas e executadas em tempo recorde. Enquanto executamos essas ações, não temos tempo de fazer o que estava agendado.

Há também um caso diferente e complementar de urgências alheias que perturbam a nossa agenda. Como lidar com pessoas que desperdiçam nosso tempo com regularidade, pois não sabem se planejar, são sempre urgentes e afetam nossa organização com as mesmas situações improdutivas?

No primeiro caso é difícil identificar os padrões de urgência, mas no segundo são sempre as mesmas coisas que se repetem: urgências vindas de profissionais de quem você depende. Os dois casos têm em comum o fato de em geral ser possível identificar os padrões de urgência e reservar um tempo para lidar com eles. A ação mais importante é obter conhecimento sobre as urgências. Para isso, são hierarquizados os eventos e situações de acordo com a frequência e o tipo específico de urgência.

Há também outra questão, não menos importante. Essa urgência tem a ver diretamente com o meu cargo e as minhas funções profissionais? Ou é uma urgência de outra pessoa?

Se a urgência for sua, resolva. Porém, analise e classifique a urgência. Isso faz parte da observação estatística necessária para garantir a qualidade dos produtos e serviços. Coisas graves que ocorrem com frequência demandam atenção especial.

Se a urgência for de outro profissional ou de um cliente, encaminhe o assunto considerando a sua própria agenda de compromissos e suas funções. Em muitos casos é preciso reorientar o pedido ou delegar a solução do problema e, se for de incidência estatisticamente relevante, procure estabelecer um modo padrão de lidar com ela no futuro.

Urgências que se repetem ao longo de períodos de tempo significativos indicam deficiências crônicas e exigem ações corretivas abrangentes. As ações devem ser incluídas na rotina funcional da empresa.

Restariam então apenas as questões que não poderiam mesmo ser previstas. Essas, no fundo, não serão tantas assim.

Mapeando as urgências e estabelecendo o padrão de urgência saberemos o quanto de nosso tempo dedicamos às coisas importantes que estão em nossa agenda.

Como se define importância? Ela é relativa aos objetivos do cargo e às funções efetivamente exercidas. Algo será importante na medida em que corresponda ao papel específico do profissional na empresa. Se um profissional não está realizando a sua tarefa principal porque se ocupa de outras coisas que surgem aleatoriamente, ele perde a clareza, se torna improdutivo e desmotivado.

Nesse sentido, é preciso saber se ele conhece a descrição de seu cargo e funções, e também *se ele sabe dizer não*.

Quando a pessoa não sabe dizer não, seja por certa onipotência, seja por timidez, ou outra razão qualquer, ela tende a absorver as urgências alheias, prejudicando a si mesma e à empresa. A absorção de urgências alheias impede o profissional de se dedicar ao seu próprio trabalho. Se esses desperdiçadores não são detectados, a empresa é obrigada a assimilar o prejuízo.

A administração de tempo busca sensibilizar o profissional de suas deficiências e propor-lhe formas de superar as dificuldades no uso do tempo. Portanto, é metodologicamente recomendável que esse processo se inicie por uma avaliação da empresa do ponto de vista dos critérios do uso do tempo profissional.

A partir de uma avaliação criteriosa é possível entender, por um lado, o fluxo e o conteúdo das urgências, e, por outro, quais os pontos de dificuldade a serem trabalhados do ponto de vista do uso do tempo e da organização profissional em prol de produtividade e qualidade de vida.

Usar bem o tempo é valorizar a vida, que é o bem mais precioso. Sair da urgência e aprender a antecipar os eventos é a principal chave que permite a mudança e um nível de organização ao mesmo tempo econômico e benéfico a todos.

Dr. Eduardo Ribeiro da Fonseca

Psicólogo, psicanalista, doutor em filosofia moderna e contemporânea pela USP, com pesquisa em filosofia da psicanálise. Trabalha na área de consultoria organizacional há 15 anos, tendo desenvolvido diversos projetos de avaliação e treinamento de recursos humanos, com destaque nas áreas de Administração de Tempo; Diagnóstico organizacional; Formação e Gerenciamento de equipes e grupos de trabalho; Postura profissional. Áreas de atuação: Diagnóstico organizacional; Acompanhamento organizacional; Diagnóstico de ADT e Planejamento do Tempo; Capacitação gerencial; Recursos humanos virtual; Avaliação de desempenho; Palestras e cursos; Política e Planejamento de relacionamento; Apoio ao Planejamento de Produto.

E-mail: eduardorf@usp.br

Blog: http://solucoesorganizacionais.blogspot.com

8

Inteligência e competências comportamentais

Mudanças assustam. Mas precisamos estar preparados para aceitá-las ou promovê-las em nossas vidas, pois elas são necessárias para nos desenvolvermos de forma contínua

Dr. Jô Furlan

Esta pergunta tem sido feita sistematicamente há centenas ou mesmo milhares de anos, se pensarmos em Aristóteles, Sócrates, Epícteto e Platão, entre tantos outros. Ela é feita pelos quatros cantos do planeta. Não importa em que área o indivíduo atue, pois ele sempre poderá se aprimorar, melhorar seu desempenho, ser melhor. Mais que uma possibilidade, uma escolha.

Para os milhões de pessoas que trabalham com desenvolvimento humano no Brasil e no mundo, existe uma limitação que acaba por atrapalhar e até comprometer a disposição das pessoas que trabalham para o desenvolvimento do capital humano. Esbarramos na resistência e, principalmente, na indisposição das pessoas em mudar. A mudança assusta.

Observei por anos como muitas pessoas preferem manter o razoável conhecido, ou mesmo o ruim, ao invés de vislumbrarem e trabalharem para uma mudança que possa gerar melhores resultados. Muitas dizem que desejam, mas a maioria não está disposta a fazer coisa alguma para realmente mudar. Entendo que a mudança pode assustar, atemorizar, sabendo que em muitos casos chega a causar verdadeiro pânico. Mas mudanças fazem parte da vida. Mesmo que você não queira, está em constante processo de mudança. Células estão sempre morrendo e sendo substituídas.

Pesquisas recentes demonstram que nosso corpo é renovado por volta de 90% a cada cinco anos. Quase duas décadas atrás, afirmava-se que não criávamos novos neurônios, que com o passar do tempo eles "morriam" e não poderiam ser substituídos. Umas das maiores novidades da neurociência é que hoje já foi comprovado que "nascem novos neurônios", além da capacidade de maior ação multifuncional por parte das células nervosas já existentes. Atualmente, falamos da plasticidade cerebral e de todas as possibilidades existentes com isso. Sim, hoje sabemos que podemos aprender e desenvolver nossas mentes de forma contínua no decorrer de nossas vidas, felizmente um conceito muito mais animador que aquele que aprendemos décadas atrás, que valorizava as capacidades da mente jovem e questionava a real produtividade de uma atividade cerebral mais intensa nas diversas fases do adulto, principalmente na terceira idade.

Com frequência, afirmo que o medo só se torna problema quando congela o ser humano, impedindo que ele aja de forma proativa, criativa e construtiva. Em algumas pessoas, o medo causa congelamento instantâneo, paralisação perigosa que realmente pode ser assustadora.

Durante as aulas de pós-graduação em Medicina Comportamental na Unifesp, antiga Escola Paulista de Medicina, já discutia com meus alunos sobre um conceito muito interessante: "morte é a ausência de movimento".

Voltemos ao problema em questão: como estimular pessoas a investirem nelas mesmas, implementando processos de mudança comportamental. Nesses anos lecionando e pesquisando, pude trabalhar num novo conceito ligado à capacidade que cada indivíduo tem de tomar decisões que lhes possibilitem atingir e experimentar o que chamo de S.O.M. da vida (Sonhos – Objetivos – Metas).

Procurando observar a tomada de decisão como uma forma de inteligência, encontrei um paralelo muito forte dentro dos estudos sobre Inteligência Artificial (I.A.), onde se descrevia a existência desse tipo de inteligência quando a "máquina" seria capaz de tomar decisões que possibilitassem a elas atingir o resultado preestabelecido. Não devido a uma programação, mas sim fruto de um emaranhado de decisões avaliando causa e efeito, num mundo de possibilidades.

A similaridade entre os padrões observados na "máquina" e no homem, na busca pela tomada de decisão visando atingir um objetivo específico, levou-me a adaptar o termo utilizado para descrever a I.A., denominado Inteligência Comportamental. Por estarmos falando de pessoas, seres humanos, utilizei o termo Inteligência Comportamental Humana – a Inteligência do Sucesso. Para isso, foi necessário definir com clareza o que realmente chamaríamos de sucesso. Sucesso é realizar o que você deseja. De forma objetiva e pragmática.

Um dos grandes dilemas desse processo foi reconhecer a total ausência de preceitos éticos e morais existentes nesse conceito. Como cientista, não foi fácil afirmar isso, mas tive que reconhecer que tinham Inteligência do Sucesso tanto o empresário que deseja ter êxito e atingiu seus objetivos, o pai e a mãe que queriam educar seus filhos de forma construtiva e conseguiram, o profissional que trabalhava para realizar seus projetos e desempenhar suas funções da forma satisfatória e realizou, assim como o ladrão que deseja roubar e não ser preso, o político que enganou e mentiu para ser eleito e conseguiu se eleger. A Inteligência do Sucesso existe para o bem e para mal. Ela depende simplesmente de suas crenças e valores.

No livro *"Inteligência do Sucesso – a inteligência de quem faz acontecer"*, explico essa teoria e apresento inúmeros cases de grandes realizadores que tive o privilégio de entrevistar. Pessoas como Ozires Silva, Alberto Saraiva, Zilda Arns (querida amiga falecida em janeiro/10), Washington Olivetto, Pelé, Marcelo Gleiser, Rolando Boldrin, Chieko Aoki, Mauricio de Sousa, entre tantos outros. Porém, fiz duas entrevistas fictícias, uma com um ícone do mal, Darth Vader, e outra com um ícone do bem, Jesus de Nazaré.

É impressionante como o poder fascina. Se você não tomar cuidado, poderá levá-lo a comportamentos questionáveis, perigosos e maldosos, como no caso do ex-jedi que preferiu escolher "o poder existente no lado negro da força", numa referência a algumas das lições da famosa hexalogia Guerra nas Estrelas. Por outro lado, Jesus estava disposto a sacrificar a própria vida para atingir seus objetivos.

Quando pensamos nesse conceito voltado para nossa vida pessoal ou para o mundo coorporativo, fica evidente a necessidade de ajudarmos as pessoas a entenderem por que razão elas desejam se superar, fazer mais e serem melhores. Quando esse porquê é respondido e se torna perceptível para o indivíduo, a pergunta seguinte que surge é o que tenho que fazer para ser melhor. Nesse momento, cada indivíduo se torna uma peça disposta a continuar a ser esculpida, trabalhada e lapidada. Agora sim será possível desenvolver e aplicar programas focados no desenvolvimento do capital humano com maior eficácia e resultado.

Um dos maiores desafios do ser humano é exatamente experimentar viver um dos maiores pensamentos, de autoria de um dos precursores das teorias de motivação, Abraham Maslow: *"O que um homem (Ser Humano) pode ser, ele deve ser. A isso chamamos de autorrealização".*

Estimular o aprimoramento de competências, sejam elas técnicas ou comportamentais, e suas capacidades nas mais diversas áreas é, acima de tudo, escolha de cada indivíduo. Dentro da Inteligência Comportamental humana coloco como pedra fundamental o conceito que desenvolvi juntamente com Bernardo Leite, apresentado para o Brasil e para o mundo numa matéria de capa da Revista Vencer! em maio de 2007, denominado Liderança Comportamental: a autoliderança com foco em resultados. Assumir a responsabilidade pela sua vida e pelas suas escolhas.

Tenho visto muitos desdobramentos desse conceito nos últimos anos. Infelizmente, alguns deles sem nenhuma referência ao conceito original, criado em 2005 e apresentado em 2007. Perceba que quando uma pessoa decide realmente fazer parte da solução de sua vida e não mais das desculpas e dos problemas, muda drasticamente o foco e com uma nova visão. Motivada a atingir seus novos objetivos, ela poderá trabalhar com entusiasmo e comprometimento nos mais variados segmentos da sua vida. Ele estará maximizando a sua Inteligência do Sucesso a cada nova conquista, seja ela grande ou pequena.

Quando um indivíduo decide desenvolver seu capital humano, ele passa a ser mais valioso para as organizações e a valer muito mais no mercado. Apesar de esse capital ser pessoal, ele acaba sendo compartilhado e ajuda a equipe, o grupo e as pessoas que convivem com ele a atingirem padrões superiores com resultados diferenciados. Invista em você e ouse fazer de sua vida uma vida extraordinária!

Lembre-se que extraordinário não quer dizer ser melhor que ninguém, mas o melhor que você pode ser!

Dr. Jô Furlan

Médico, escritor, professor e pesquisador na área de Neurociência do comportamento; Autor da Teoria da Inteligência Comportamental Humana – "Inteligência do Sucesso"; Autor da Teoria da Liderança Comportamental; 1º Treinador Comportamental do Brasil; Conferencista internacional; Especialista em Desenvolvimento Comportamental; Autor do Programa Internacional de Desenvolvimento de Liderança Comportamental; Professor Convidado do Curso de Especialização em Medicina Comportamental da Universidade Federal de São Paulo (Escola Paulista de Medicina) e um dos precursores do conceito no Brasil. Coordenador Pedagógico da Área Comportamental da Wellness Education. Autor do Livro: **INTELIGÊNCIA DO SUCESSO – A Inteligência de Quem Faz Acontecer** (2009) – Editora Ser Mais. Coordenador editorial e coautor da Coleção Ser Mais - Ser+ Líder, Ser+ em Vendas e Ser+ Saudável. Fundador da Universidade da Inteligência.

Site: www.drjofurlan.com.br

E-mail: falecom@drjofurlan.com.br

Telefone: (11) 5041-3636 / 5041-6471

Anotações

9

Transformando salários em dividendos

Premiar os funcionários que mais de destacam em sua empresa não significa gratificá-los apenas com dinheiro. Experimente gratificá-los com viagens extensivas às famílias deles ou com outras formas que os valorizem ainda mais como pessoas e profissionais. Os resultados poderão ser excepcionais, tanto para eles quanto para sua empresa

Evaldo Costa

Você tem alguma dúvida de que um dos grandes desafios do mundo corporativo é fazer com que os empregados vistam a camisa da empresa, ou melhor, que a empresa seja a pele deles? O comprometimento é algo muito difícil de conquistar e de ser conquistado nas organizações nos dias atuais. Porém, não é o único fator a ser "trabalhado" para o sucesso organizacional.

Tudo começa no processo seletivo. A organização precisa ter a missão na ponta da língua de seus colaboradores e descobrir logo no primeiro contato se o candidato reúne os requisitos básicos para ajudá-la a chegar aonde pretende. As pessoas são diferentes, comportam-se de formas diferentes e buscam conquistas distintas. Portanto, para alinhar expectativas, evitar frustrações e triunfar, o líder organizacional pode recorrer aos seguintes princípios básicos:

1 – Clareza – Diga aos colaboradores quais são os papéis deles, o que você quer atingir com o trabalho deles e quais são as regras para chegar lá. É fundamental que eles saibam o que a empresa espera deles e o que eles podem esperar dela.

2 – Autonomia – As pessoas precisam se sentir úteis. Querem fazer algo interessante e necessitam de confiança para fazê-lo bem.

3 – As pessoas, quando desafiadas, costumam querer provar o seu valor, e o fazem produzindo mais e melhor. Portanto, essa é uma boa razão para envolver os trabalhadores em novos projetos que desenvolvam suas habilidades e permitam que tenham oportunidades de brilhar.

4 – Responsabilidade – Delegue e cobre responsabilidades. Porém, não deixe de dizer aos contratados o que é e o que não é aceitável. Isso é muito importante para o sucesso dos que desejam obter êxito.

5 – Benefícios – Use a força e o prestígio de sua organização para conseguir benefícios para seus colaboradores. Eles podem ser monetários e não-monetários. A monetária é muito importante, mas lembre-se de que boa parte dos artistas, por exemplo, almeja situação não financeira, como reconhecimento, melhor equilíbrio entre trabalho e lazer, autonomia etc.

6 – Flexibilidade – Seja flexível. A medicina nos ensina isso: se você, por exemplo, leva uma pancada no braço, a pele cede e por isso resiste, já o osso não resiste, por isso se parte. Ou seja, é preciso ceder para resistir.

7 – Reconhecimento – Todos desejamos reconhecimento quando contribuímos para o sucesso do projeto. Podemos motivar mais os colaboradores ressaltando os pontos fortes deles e não insistindo em suas fraquezas. O reconhecimento é a ferramenta mais barata e, também, subestimada pelos gestores. Basta dizer obrigado ou parabéns sempre que algo certo for realizado.

O problema é que há muita gente no comando que pensa que o elogio pode dar motivos para o empregado reivindicar salários maiores ou outros benefícios. Daí, prefere silenciar-se. Assim, perde a melhor oportunidade de construir um time de admiradores dispostos a qualquer sacrifício para ajudá-lo a vencer.

Superados os pontos anteriormente citados, o líder deverá criar novos desafios para o aumento da produtividade organizacional e o desenvolvimento profissional de seus colaboradores. A partir deste ponto, será mais difícil, pois o time estará maduro. É como se estivéssemos dirigindo um automóvel em uma pista de competição. Chegar a 200km/h pode não ser tão difícil, mas a partir daí, conseguir aumentar a velocidade em apenas 10km/h será um desafio e tanto.

Para estimular a competição, o líder poderá desenvolver um plano motivacional ousado. Afinal de contas, a maioria dos que desejam vencer busca reconhecimento financeiro para superar limites. Portanto, eu recomendo: ***não poupe na hora de premiar.***

"Os vencedores são vencedores porque eles deram o máximo de si e fizeram muito sacrifício para serem diferentes."

Os vencedores devem receber recompensa, a qual os diferencie da média dos demais. Se ele foi o melhor, ele deve ser reconhecido como tal: daí, eu recomendo que você o coloque, junto com a família, na primeira classe, da melhor companhia aérea, para desfrutar uma semana de férias na Disney. Ah, não esqueça de presenteá-lo com ingressos para o show do "Cirque du Soleil" ou, então, escolha o melhor cruzeiro e mande-o curtir uma semana de descanso em alto estilo.

Faça com que os demais sintam desejo de um dia poder estar no lugar dele. Lembre-se que os vencedores só conseguem vencer porque deram o máximo de si e fizeram muito sacrifício para serem diferentes.

"No mundo das vendas todos são movidos por duas moedas: dinheiro e satisfação. Agarre a satisfação primeiro que o dinheiro virá naturalmente."

Fuja da mesmice de pagar prêmio em dinheiro. Faça a diferença na vida do premiado. Se você dá dinheiro, ele compra um carro novo, faz uma obra na casa ou acaba gastando com objetos para o lar. No entanto, se você lhe dá uma viagem, ele poderá ter contato com uma nova cultura, aprender coisas novas e se tornar uma pessoa mais experiente, ou seja, melhora pessoal e profissionalmente. Certamente, depois de chegar de um passeio na Disney, com a família, ele estará muito mais disposto e motivado a trabalhar. Além disso, terá muito mais novidades a compartilhar com os colegas do que, se, por exemplo, comprar um carro novo.

À guisa de ilustração, vou lhe fornecer um depoimento pessoal. Tenho trabalhado com vendas durante mais de três décadas. Logicamente, já perdi as contas de quantos prêmios ganhei. Todos foram importantes para mim, mas nenhum deles foi tão marcante quanto o que conquistei para ficar com a minha família. Eu ainda era muito moço, nunca tinha saído dos limites de meu estado e, sem que eu esperasse, fui guinado para cobrir a vaga de um gerente de vendas, que acabara de ser dispensado, em uma cidade distante, onde acabei ficando por alguns meses.

Já no primeiro mês, consegui bater a meta de vendas, a qual há muito tempo não havia sido conquistada pelo meu antecessor. Após seis semanas, longe de minha esposa e de minha filha, que estava com poucos meses de nascida, como também dos meus pais e amigos, a saudade começava a apertar e, para piorar as coisas, no fim de semana seguinte era o meu aniversário. Eu sabia que teria que ficar longe das pessoas que eu mais amo. Infelizmente, naquela época, as circunstâncias não permitiam que eu me afastasse da empresa, mesmo que por uns poucos dias, para passar a data com a minha família.

"...associai com a vossa fé a virtude; com a virtude, o conhecimento; com o conhecimento, o domínio próprio; com o domínio próprio, a perseverança; com a perseverança, a piedade; com a piedade, a fraternidade; com a fraternidade, o amor."
2°Pedro 1:5-7

Foi uma semana difícil, mas no fim da sexta-feira (véspera do meu aniversário), meu diretor me telefonou e perguntou se eu tinha planos para a data. Disse a ele que eu estava numa cidade distante, a temperatura estava próxima a zero grau, chovia bastante e eu ainda não tinha feito muitas amizades por lá. Por isso não havia muito que fazer, conclui. Ele então me perguntou se eu gostaria de ver a minha esposa e minha filhinha.

Claro que eu disse que sim. Contudo, como eu poderia me ausentar da empresa naquelas circunstâncias?, perguntei. Foi quando ele me disse que eu poderia ir ao aeroporto para buscar minha esposa e filha. O meu diretor não só programou uma bela surpresa comprando as passagens para a minha família passar o meu aniversário comigo, como também nos encantou ainda mais colocando-nos no melhor hotel da região e, de sobra, mandando convites para um jantar no mais aconchegante restaurante da cidade.

Trace objetivos ousados, seja criativo e não poupe na hora de premiar!

Como você acha que eu me senti sob aquelas circunstâncias? Claro que fiz o possível e tentei o impossível para retribuir à empresa e ao meu diretor por tamanha gentileza. Depois disso, me especializei em bater metas. Colecionei muitos prêmios durante toda a década seguinte, período em que trabalhei para aquela admirável organização, momento no qual pude conhecer mais de 30 países e quase todos os estados brasileiros. Eu sou muito feliz por tudo isso!

Agora eu lhe pergunto: você acha que se ao invés da viagem ele tivesse creditado em minha conta bancária o valor correspondente, eu teria tido toda essa satisfação? Você acredita que depois de tantos anos eu ainda me lembraria deste fato, se ele não tivesse sido significativamente marcante? Acho que você também respondeu negativamente às duas questões, não é mesmo?

Daí eu lhe digo: trace objetivos ousados, seja criativo e não poupe na hora de premiar.

Tanto os colaboradores quanto os gestores mais cedo ou tarde acabam descobrindo que "um dia você aprende a controlar os seus atos ou eles os controlarão. Ser flexível não significa ser fraco ou não ter personalidade, pois não importa quão delicada e frágil seja uma situação. Sempre existem dois lados".

Evaldo Costa

Escritor, professor e conferencista, foi diretor da Federação Nacional dos Distribuidores de Veículos Automotores (Fenabrave) e do Sindicato dos Concessionários de Veículos (Sincodiv), ambos da regional de Minas Gerais. Foi diretor do maior grupo de varejo da década de 80. É presidente do Instituto das Concessionárias do Brasil (ICBR). Bacharel em Direito e Ciências Contábeis, é mestre em Administração pela Fundação Getúlio Vargas. Em 2006 foi credenciado *Coach* pelo ICI (Integrated Coaching Institute) Califórnia. Participou em mais de 30 conferências no exterior, em especial nos EUA. Lidera delegação para a realização de *benchmarking* no exterior. Já visitou mais de 40 países em cinco continentes. Autor dos livros "Como Garantir Três Vendas Extras por Dia" (Campus/Elsevier) e "Alavancando resultados através da gestão da qualidade". Coautor do livro "Gigante das Vendas" (Quantum). Tem mais de mil publicações no Brasil e no exterior. É articulista em sete veículos de comunicação. Coautor do livro "Ser + em Vendas" (Editora Ser Mais - 2010).

Site: www.evaldocosta.com

E-mail: evaldocosta@evaldocosta.com

Telefone: (21) 9973-1011

Anotações

10

Não dá para deixar, temos que inovar!

O Google™ é uma das marcas mais valiosas do mundo, ninguém consegue copiar o post-it da 3M e a maçã da Apple vale mais de US$ 50 milhões. Você sabe por quê? Porque eles inovam

Ewerton Dias

Em um mundo cada vez mais competitivo, parece que a diferenciação até então defendida por Porter não é mais possível. Há diversas empresas que prestam serviços parecidos, que vendem produtos semelhantes. Além disso, cada nova ideia implantada logo é copiada, às vezes com melhor qualidade. Difícil se manter nesse mercado. Difícil, mas possível. O que o passar do tempo têm mostrado às organizações é que é preciso sair do lugar-comum para atingir o sucesso esperado e que grandes ideias provêm de grandes pessoas.

Quem inventou o computador, a máquina de lavar, o carro, o celular? Um ser humano. Seja lá qual foi seu motivo de inspiração, foi uma pessoa que teve a capacidade de criar elementos hoje considerados imprescindíveis. E, cada vez mais, querendo ou não, algumas organizações estão enxergando ou sendo obrigadas a ver isso. O famoso capital intelectual.

Por que o Google™ consegue ser uma das marcas mais valiosas do mundo? Qual o motivo de ninguém conseguir copiar o post-it da 3M? Como pode a maçã da Apple valer mais de US$ 50 milhões de dólares? Esses exemplos podem até ser considerados batidos, mas a primeira resposta que nos vêm à cabeça é: eles inovam. Dentro dessas organizações, as pessoas criam o tempo todo. Aliás, elas são pagas para criar.

Até a contabilidade, ciência tão fatual, tem admitido essa possibilidade. Chamam de goodwill aquele valor adicional de uma empresa, que não está contabilizado em ativos tangíveis. Tanto é que o ativo intangível já faz parte do balanço patrimonial. Em 1998, Stewart afirmou que "não se compram produtos da Microsoft por causa de suas fábricas de software. A empresa não as tem. Compra-se sua capacidade de desenvolver programas". Em outras palavras, o autor está dizendo que seus ativos tangíveis não valem tanto como seus intangíveis.

Só não se tem certeza se foi a área de Gestão de Pessoas que ganhou força pelo reconhecimento que deu às pessoas ou se foi a determinação dela para conseguir convencer as organizações de que as pessoas fazem toda a diferença em uma empresa. É como o dilema da Tostines. Não obstante esse questionamento, abandonando então a Administração de Pessoas, a área de Gestão de Pessoas foi um exemplo prático do que é inovação. Seres humanos têm sido vistos como recursos – daí o nome Recursos Humanos –, e recursos, além de trazerem resultados financeiros às empresas, precisam de investimentos e reparos constantes para dar o melhor que há neles mesmos. Para isso o RH existe. Ok. Mas, o que é, afinal, inovação?

Muitas são suas definições e vertentes, mas o que ninguém nega é que inovação é fazer algo novo. Pode ser que algo antigo seja transformado em novo ou que simplesmente algo nunca antes visto seja criado. No entanto, diz-se que nada se cria, tudo se copia, certo?

Então, inovar seria arrumar uma maneira diferente de se fazer alguma coisa, mesmo que alguém já tenha feito ou tentado, pois cada pessoa é única e será responsável por dar essa identidade à organização. Por exemplo, você pode usar cabelos longos e certo dia resolver cortá-los. Seu visual será novo, mas isso não quer dizer que você foi a primeira pessoa a ter um cabelo curto. Existem várias assim, mas seu conjunto a faz ser uma pessoa diferente.

Inovação é mais ou menos isso. Algo que já existia foi transformado, melhorado, aprimorado e trouxe resultados melhores, comparados com os antigos. Quem pode ser responsável pela inovação? A empresa por si só não é capaz de ser inovadora se não tiver pessoas que pensem por ela e para ela. O resultado de todas as vendas, dos produtos, da cultura, enfim, de uma organização viva, é proveniente de pessoas. E aí entra a área de Recursos Humanos: incentivando culturas organizacionais a serem ambientes que estimulem a inovação. Mesmo com alguns preconceitos ainda por parte cultural, o RH tem conseguido mostrar às empresas que seu trabalho estratégico, em prol da cultura da inovação, tem trazido resultados. Tanto é que empresas que lideram o ranking das melhores para se trabalhar, do Great Place do Work®, geralmente veem os efeitos de seu RH em ganhos financeiros.

Mas para que todo processo de RH seja bem-sucedido, seja ele qual for, a liderança tem de estar envolvida. Não adianta o RH achar que aquilo é possível, se os demais dirigentes e gestores da empresas não o fizerem. E, aí, entramos em um tema bem polêmico e amedrontador para a gestão: a hierarquia. Por todos os lados lê-se que os profissionais que atuam no Google™ têm liberdade para fazer seu horário de trabalho, inclusive contam com uma mesa de pebolim que pode ser usada durante o expediente. Regra? Faça o que quiser, contanto que me entregue o trabalho no prazo estabelecido. Resultado: quase ninguém para no meio do expediente para jogar. Termina seu trabalho antes.

A hierarquia é uma das maiores barreiras contra a inovação. Ela engessa as possibilidades criativas, as relações, a fluidez das atividades e faz com que as pessoas se sintam empregadas, não trabalhando. Não acham que participam dos ganhos da empresa, mas são elementos que servem à direção. E cada vez mais – inclusive papas da administração enxergam que daqui um tempo isso não será mais possível – as empresas têm abandonado algumas hierarquias para dar liberdade aos seus profissionais e conseguir colocação mais estratégica no mercado, por meio da inovação.

O RH tem justamente o papel de dar subsídios, desde seus treinamentos e desenvolvimento até a criação de planos de remuneração por competências que levem a cultura organizacional ao estímulo da inovação. A verdade é que muitas pessoas têm medo de mudar ou se acostumam com rotinas. Mudar sempre causa impactos e algumas transformações profundas. Mas passado algum tempo, notam-se resultados ótimos. Começar de novo, criar novas formas, acreditar nas mudanças é essencial para continuar vivo. Quanto se mudou dos tempos de nossos pais até hoje? Como são os adolescentes de hoje em dia? Mudar é inevitável. Inovar é amadurecer.

Corremos o risco também de confundirmos inovação com modismo e de criarmos uma cultura de "temas da moda". Como em programas de treinamento e desenvolvimento, nos quais o novo é mais importante que a real necessidade da empresa, não devemos confundir inovação com dinâmicas de alto impacto ou outros modismos que vemos por aí.

Quando o primeiro da lista é Inovação, o RH exerce um papel diferenciado, que é criar espaços para que as pessoas tenham como fertilizar ideias que trarão resultados e lucratividade.

Ewerton Dias

Especialista em Gestão Estratégica de Pessoas pelo Mackenzie, com atuação na área de Recursos Humanos e seus subsistemas com foco em desenvolvimento de pessoas. Certificado como Coach Personal e Professional pelo Behavioral Coaching Institute, membro da Sociedade Brasileira de Coaching. Grafólogo, orientador de carreira e palestrante comportamental com foco em resultados.

E-mail: ewertondias@bol.com.br

Telefone: (11) 8131-8434

Anotações

11

Recursos Humanos Empreendedor

Do operacional para o estratégico... Como chegar lá?

O sucesso do planejamento estratégico, da missão e da execução de metas e objetivos traçados pelas organizações depende cada vez mais de um novo perfil dos profissionais de Recursos Humanos, o RH Empreendedor

Fernanda Marques Pacheco

A área de Recursos Humanos hoje atua com profissionais de diferentes formações e competências, quebrando o mito de um sistema unicamente operacional e extensão de uma consultoria de psicologia.

As atividades de contratação, demissões e controle de pessoal continuam a cargo da área de Recursos Humanos e não devem, em hipótese alguma, ter sua importância diminuída, assim como o psicólogo. O que ocorre é que as tarefas operacionais passam agora a dividir espaço com as ações estratégicas, aquelas em que os profissionais de Recursos Humanos se envolvem nas decisões da empresa e participam de forma ativa, colaborando para que as metas e objetivos estabelecidos na missão e planejamento estratégico da organização tenham sucesso.

Assim, o perfil de quem trabalha na área de Recursos Humanos também precisa evoluir, do apenas operacional para o estratégico, e então passamos a contar com o RH Empreendedor. Um profissional capacitado para atividades que conjuguem o operacional e uma visão de desenvolvimento humano, com foco em resultados e geração de lucro, seja ele financeiro, institucional ou pessoal.

O RH passa a adotar uma atitude mediadora, representando os interesses dos *stakeholders*, colaboradores e a comunidade, pois aqui a construção de parcerias é cada vez mais evidente e necessária para a sobrevivência e competitividade da organização.

O RH como papel estratégico deve direcionar as ações de sua área para que combinadas às ações corporativas gerem o melhor resultado possível. Deve ser observado o tempo estabelecido para o cumprimento das metas; verificar se os recursos, sejam eles pessoas, materiais ou capacitação, estão disponíveis, e apurar o que for necessário, para que esteja de acordo com o plano de ação estabelecido. É imprescindível determinar a estratégia de divulgação e disseminação, sempre tendo em mente a visão, a missão e os valores adotados pela empresa.

Outro ponto que não podemos negligenciar são as métricas. Toda ação para que possa ser avaliada de maneira quantitativa, a fim de ser compreendida pelos diferentes profissionais da organização, precisa primeiramente ser medida. Só assim é possível afirmar que uma ação foi eficaz ou não. Já diz o ditado, "o que não é visto, não é lembrado". Aqui vamos utilizar "o que não é mensurado, não é avaliado". Por mais simples que sejam os critérios, sua existência é primordial para o sucesso e avaliação da ação.

Em se tratando de Empreendedor, seja ele para a área de Recursos Humanos ou não, faz parte de suas atribuições saber avaliar as competências pessoais, na esfera de conhecimentos, habilidades e atitudes; sagrar a "cadeia organizacional", a fim de não gerar inimizades e conflitos internos; respeitar as estratégias da empresa, no sentido de mantê-la viva e competitiva, e observar as variáveis externas, como o mercado, a evolução tecnológica e os meios de comunicação, entre outros.

Para que este RH Empreendedor consiga elaborar toda esta avaliação e agir de fato de forma estratégica, a melhor maneira de fazê-lo é utilizar-se de sua própria ferramenta, o **PDI**: **P**lanejar, **D**esenvolver e **I**mplementar.

Para o **P**, de **Planejar,** devem ser compreendidos fatos já ocorridos, levantamento de dados, estudo de casos, enfim, toda a gama de materiais que sustentem a criação de um plano de ação.

Em **D**, de **Desenvolver**, são descritas as ações de forma clara, objetiva e passível de execução, com definição de tempo, recursos financeiros e humanos. Não basta ter em mãos pilhas e pilhas de informações. É necessário que estas informações estejam estruturadas e se apliquem à organização de modo que sejam úteis. Este é um dos objetivos do plano de ação, tornar o planejado em executado.

Por fim, o **I**, de **Implementar**, que consiste em executar de fato a ação, mensurando os resultados ao longo do tempo, para que estes sejam perceptíveis a todos na organização, e tornando assim possível as tomadas de decisões de forma mais clara e objetiva, para que o sucesso seja certo.

Um **PDI** é uma ação conjunta que parte de uma área de Recursos Humanos e depende de ações e outras variáveis para que possa acontecer. Mas também é papel do profissional Empreendedor de RH a constante atualização de seus conhecimentos, desenvolvimento de suas habilidades e atitudes, e inovação, para que consiga manter sua motivação interna e assim motivar sua equipe e a toda empresa, pois somente a satisfação gera resultados verdadeiros e é fonte de riqueza contínua, diferencial competitivo de uma organização. Pois como disse uma das grandes mentes da gestão moderna:

"Um chefe pode obrigar uma pessoa a fazer um trabalho, especialmente durante tempos econômicos difíceis. Mas não pode, por definição, obrigá-la a entregar sua paixão e imaginação regularmente. Entregar paixão e imaginação é um ato voluntário, muito importante numa época em que o cérebro (mais que o músculo) se tem convertido na pedra angular do êxito e do valor agregado." (Tom Peters)

Inovar não é necessariamente criar o novo, mas também usar a criatividade para fazer as mesmas coisas de forma diferente. É ter iniciativa, buscar novas oportunidades, ser persistente e exigir sim a excelência. Um profissional com atitude inovadora gera riquezas, modifica o ambiente, cria, supera.

Ser um Recursos Humanos Empreendedor é assumir riscos, também consequências, da criação de algo inovador, diferente, de valor agregado. É ter competência, conhecimento, habilidade e atitude para **P**lanejar, **D**esenvolver, **I**mplementar e comemorar o sucesso.

A evolução das empresas de um RH Operacional para um RH Estratégico é contínua e gradual. Por isso, o Empreendedor se faz ainda mais necessário, pois ele é fundamental neste passo tão significativo. Cada organização tem seu ritmo, sua estratégia e sua capacidade de mudança. Muitas já se deram conta do lucro desta evolução, outras ainda estão pagando para ver profissionais somente operacionais, e que muito em breve talvez já estejam fadados à extinção.

Não se contente em ser mais um na multidão, em estar entre os extintos. Seja você também um profissional diferenciado, com motivação singular, apaixonado pelo que faz e que deseja ser admirado, referenciado e imitado. Seja você também um profissional de Recursos Humanos Empreendedor.

Fernanda Marques Pacheco

Psicóloga graduada pela Pontifícia Universidade Católica do Rio Grande do Sul – PUCRS. Palestrante e instrutora de treinamentos com foco em desenvolvimento comportamental nas áreas de Recursos Humanos, Relações Interpessoais, Comunicação de Equipes e Jogos Cooperativos. Facilitadora e orientadora nos Projetos: RH na Praça e ABRH na Escola, da Associação Brasileira de Recursos Humanos de Florianópolis/SC – ABRH Florianópolis. Articulista voltada para temas de Gestão de Recursos Humanos, Comunicação de Equipes, Relações Interpessoais. Coautora do livro **Ser + Inovador em RH edição 2010 – Editora Ser Mais**. Twitter: FernandaMPRH.

E-mail: fernandapacheco_rh@yahoo.com.br

Telefones: (48) 3234-8291/ 8444-3211

Anotações

12

A excelência na gestão de pessoas e equipes

Todo gestor deve ser também um gestor de pessoas: esta é a saída na busca da excelência, o que demanda novas competências dos líderes e da área de gestão de pessoas (RH), principalmente num ambiente de intensas transformações. As pessoas querem ser tratadas como pessoas, não como "recursos humanos"

Gustavo G. Boog

A atuação das lideranças apoiadas pelo "RH" é fundamental e isso leva a muito mais lucratividade! A boa gestão de pessoas e equipes tem uma enorme contribuição a dar, valorizando a dimensão humana e colocando-a em equilíbrio com os resultados organizacionais.

Como consultor, tenho a oportunidade de conviver intensamente com as expectativas e necessidades dos clientes, onde se percebe a imensa carência que existe em muitas organizações para que ocorra realmente a boa gestão de pessoas e equipes. Os discursos são belos e atualizados. As práticas, nem sempre... A única prioridade da diretoria são os resultados de negócios do trimestre; os gestores são ótimos técnicos, mas não sabem liderar pessoas; o "RH" continua a ser uma área controladora, que só sabe dizer "não"; e a lista das práticas inadequadas continua...

Os fatores que definem a excelência

Os mais importantes e críticos aspectos a considerar na busca da excelência na gestão de pessoas e equipes só ocorrem quando acontece a conjunção de três fatores:

- O topo da organização define e aplica políticas claras e prioridades altas para a gestão de pessoas.
- As lideranças de todos os níveis atuam em seu indelegável papel de gerenciar bem as pessoas.
- A área de gestão de pessoas apoia os líderes para que possam exercer com eficácia seu papel.

Há mais de 30 anos escuto que todo gestor deve ser também um gestor de pessoas. Como se vê, o tema é antigo, mas ainda não se transformou em realidade em muitas organizações. Ainda hoje vejo profissionais serem promovidos a cargos de gestão por serem bons técnicos, com bom tempo de casa e lealdade à organização. Dificilmente se pergunta sobre as competências deles para liderar, trabalhar em equipe, comunicar bem. Menos ainda existe um treinamento e coaching para que esse profissional possa exercer com eficácia seu novo papel.

Os resultados disso?

Gente desmotivada, clima organizacional ruim, metas não cumpridas, clientes mal atendidos, inovação inexistente. Inúmeras vezes acontece que esses mesmos profissionais, tão bons tecnicamente, são depois demitidos por problemas de relacionamento. Isso mostra que as competências técnicas são necessárias, mas insuficientes para formar um bom líder. Existem muitas formas, métodos e práticas que ajudam a boa atuação das lideranças: programas de desenvolvimento gerencial, coaching, participação em encontros profissionais, leituras dirigidas, e-learning, etc.

Há ainda a necessidade de que quem quer ser líder ter que gostar de gente, de lidar com a intrincada alma das pessoas. Existem profissionais que adoram a parte técnica, mas se sentem incompetentes para lidar com pessoas, com a diversidade e a imprevisibilidade de comportamentos que os humanos apresentam. Para ser líder tem que gostar de gente!

Como se vê, para que todo gestor possa ser também um gestor de pessoas existe a exigência de construir novas competências para os gestores e para o "RH".

Nos investimentos de treinamento em operações ou vendas é relativamente fácil estabelecer uma relação causa e efeito entre os valores investidos e os resultados atingidos. O benefício/custo e o valor agregado são diretos e mensuráveis. Já nos investimentos em gestão de pessoas, notadamente no desenvolvimento de gestores, os resultados vêm de forma mais distribuída no tempo, junto com uma multiplicidade de fatores causais que interferem no resultado final e dificultam estabelecer a exata relação causa e efeito. Isso leva a um dos grandes desafios do RH, que é mostrar efetivamente o quanto agrega de valor para os resultados da organização.

O foco central da gestão de pessoas deve ser o desenvolvimento e a aprendizagem. Num ambiente de alta pressão, de imediatismo, coloca-se mais um desafio: como conciliar o tempo de produzir com o tempo de aprender? Na medida em que a direção prioriza a gestão de pessoas, criam-se as bases para avaliar os desempenhos baseados num tríplice critério. Quanto houve de contribuição para:

- os resultados?
- o clima interno, a boa gestão de pessoas?
- a inovação?

A busca da excelência num ambiente de intensas transformações

Vivemos numa época de rápidas, intensas e abrangentes mudanças e transformações. Quem busca estabilidade e segurança vai se frustrar, pois elas já estão no passado. O que se aprende hoje será rapidamente superado amanhã, exigindo postura de eterno aprendiz, o que significa abandonar a postura do eu já sei e ingressar no eu quero aprender. Nesse processo, é fundamental a prática do desapego a velhos e confortáveis hábitos e formas de agir, sob risco de obsolescência acelerada.

O exemplo da sustentabilidade, que traz imensos desafios para a gestão, exige novas formas de olhar para as pequenas ações do dia a dia e para as grandes linhas estratégicas do empreendimento. Quanto tempo levará para que os clientes, a comunidade como um todo e a legislação comecem a penalizar quem não cuida da sustentabilidade?

O impacto da Tecnologia da Informação é talvez um dos exemplos mais visíveis para a gestão de pessoas e equipes: para que as lideranças possam bem liderar as pessoas de suas equipes, precisam de informações instantâneas sobre desempenho, evolução da remuneração, potencial, ações de treinamento etc. As pessoas querem ter acesso a seus registros; o e-learning viabiliza ações de treinamento, independentemente de local ou horário; em muitas funções deixa de ser necessário o deslocamento físico ao local de trabalho, que passa a ser o Home Office.

Em nossa realidade brasileira temos ainda um sério entrave, a nossa legislação trabalhista, cujos conceitos básicos datam da época de 1940. Hoje há desafios de equilibrar conquistas trabalhistas com a competitividade das organizações. Como encontrar uma convergência entre a dimensão econômica e a dimensão humana no trabalho? Vemos que vínculos empregatícios são substituídos por parcerias, terceirizações, cooperativas e novas formas de trabalho. A remuneração deixa de ser fixa e garantida e passa a ser função do desempenho.

O equilíbrio entre resultados, pessoas e inovação

Entendemos que o papel do líder é atingir resultados com pessoas e com inovação. Essas são três dimensões que valem para todas as unidades de uma organização. O provérbio cada macaco em seu galho não vale mais, pois é preciso que cada profissional tenha a visão do todo. Assim, os gestores de produção, vendas ou finanças devem dedicar tempo e energia para a boa gestão de pessoas. O pessoal do "RH" deve contribuir para os resultados da organização e todos precisam estar atentos e se antecipar para que as inovações aconteçam de forma sustentável.

As pessoas querem ser tratadas como pessoas, não como "recursos humanos". A atuação das lideranças, apoiadas pelo "RH", é fundamental. E o mais importante, isso leva a muito mais lucratividade!

Leon Martel, autor do livro "High Performers – how the best companies find and keep them", define uma nova época, a "pós-materialista", para as organizações, numa forte mudança de valores no mundo do trabalho: não basta apenas dinheiro para manter os funcionários. As melhores organizações, que são também as mais lucrativas, olham para seus funcionários como pessoas por inteiro, não apenas como trabalhadores.

Em nossas Pesquisas de Clima Organizacional há uma forte correlação estatística entre a atuação das lideranças e o clima motivacional, que gera os resultados. Essa questão está se tornando criticamente mais prioritária com a entrada da Geração Y nas organizações, que veio para revitalizar práticas tradicionais de gestão. A Geração Y facilmente supera os 30% do efetivo, e em muitos casos é mais de 50% do quadro de pessoal em muitas organizações, mostrando que é algo que não pode mais ser ignorado.

Ao invés de se colocar o falso dilema de "ou cuido dos resultados ou cuido das pessoas", como se não fosse possível conciliar estas duas dimensões, os líderes devem buscar formas de atingir "resultados e pessoas".

Com isso, o "RH" se torna "Gestão de Pessoas" ou "Gestão de Talentos", totalmente alinhada e integrada às estratégias da organização. Existem diversos casos organizacionais que tivemos a oportunidade de apoiar, e na medida em que investimentos foram feitos nas três dimensões críticas na busca da excelência, os resultados sempre foram muito positivos. Isso é feito em diversos passos:

1. Mapeamento da situação atual da organização: tanto do "RH", da atuação dos gestores e percepção do pessoal, feita com uma Pesquisa de Clima Organizacional.
2. Definição de políticas claras e prioridades altas para a gestão de pessoas: através do Team Building, intervenção onde são discutidas, alinhadas e decididas a situação atual, as expectativas e as ações.
3. Lideranças atuam em seu papel de gerenciar bem as pessoas: feito através de um programa de desenvolvimento dos líderes, com temas como o papel do gestor, liderança, desenvolvimento da equipe, comunicação e feedback, mudanças. Usualmente, há uma complementação com atividades de coaching.
4. A área de gestão de pessoas apoia os líderes: com apoio na estruturação e quadro de seu pessoal, procedimentos e práticas, assim como a constituição do Comitê de Gestão de Pessoas, onde as prioridades são decididas de forma participativa.

Como se vê, há tendências, desafios e perguntas ainda não respondidos, mas com a boa gestão de pessoas e equipes os profissionais dessa área têm enorme contribuição a dar, valorizando a dimensão humana e colocando-a em equilíbrio com os resultados organizacionais.

Gustavo G. Boog

Consultor e terapeuta, acumula anos de condução de projetos de desenvolvimento humano e organizacional. É coach, consultor de processos organizacionais, facilitador de workshops de desenvolvimento gerencial e palestrante motivacional. Foi professor em programas de especialização na FEA/USP e FGV/SP, entre outras. É fundador e diretor do Sistema Boog de Consultoria, que desde 1983 oferece soluções para o gerenciamento de pessoas e competências, integrando resultados de negócio com a dimensão humana. Reconhecido escritor, é autor e coordenador de vários livros de gestão de pessoas e equipes, entre os quais "**Con-viver em equipe: construindo relacionamentos sustentáveis**" (coautoria), os **Manuais de Gestão de Pessoas e Equipes** e os **Manuais de Treinamento e Desenvolvimento**. Gustavo é formado no 1º Curso de Consultoria Sistêmica Empresarial, Coaching e Constelações Organizacionais.

Site: www.boog.com.br

E-mail: gustavo@boog.com.br

Telefone: (11) 5183-5187 / 5096

Anotações

13

A importância da comunicação na gestão de pessoas

A comunicação passou a ocupar lugar de grande importância dentro das empresas. Agora, cabe aos gestores de pessoal a responsabilidade de criar um plano diretor de comunicação com foco nos valores de cada organização, para que eles sejam transmitidos com a maior clareza para o mercado

Gutemberg Leite

Pesquisas de associações dedicadas ao estudo da comunicação organizacional atestam que as empresas brasileiras investem de maneira crescente na implantação de um processo de comunicação com seus públicos, mas especialmente na inter-relação com seus colaboradores. Embora profissionais de outras áreas, como jornalistas, relações públicas, administradores, venham assumindo em escala maior o planejamento e o desenvolvimento da comunicação empresarial, o fato é que em cerca de 50% das organizações quem se responsabiliza pelo exercício da comunicação é o setor de Recursos Humanos.

A razão dessa predominância reflete o fato de que esse setor foi o primeiro a desenvolver a comunicação com os colaboradores. Sempre esteve envolvido diretamente com eles, conhecendo-os de perto, gerenciando os aspectos administrativos das questões a eles ligadas, seja pela preocupação em observar a aplicação da legislação trabalhista, seja pelo cuidado em tornar conhecidas as normas e os procedimentos disciplinares da organização e em treiná-los para o bom desempenho produtivo de suas funções.

Esse setor foi pioneiro na criação de instrumentos de comunicação, como boletins informativos, jornais de empresa, jornais de parede ou murais, e também se distinguiu como promotor de eventos internos, tais como festas de confraternização por ocasião do Natal e de aniversários da empresa, por exemplo.

Todavia, esse cenário, inicialmente limitado, transformou-se rapidamente diante da expansão das empresas, da modernização dos processos administrativos e produtivos, do cuidado em selecionar profissionais com as competências necessárias para a execução das novas funções que foram surgindo dentro da empresa em consequência das reestruturações administrativas e da modernização das áreas de produção. Essas mudanças transformaram o setor de Recursos Humanos, que assumiu responsabilidades muito mais amplas, ligadas à administração, passando a ter como foco a gestão de pessoas, isto é, do capital maior da organização.

Perante essa realidade, a comunicação passou a ocupar um lugar de importância dentro da empresa. Aos gestores de pessoal cabe a responsabilidade de criar um plano diretor do processo da comunicação com o objetivo de transmitir aos colaboradores os valores da organização, para que os compreendam e pratiquem, tornando-se a organização fonte primeira de informação sobre ela mesma, suas atividades e seus negócios.

Esse plano de comunicação pode ser desenvolvido levando em conta os seguintes passos:

Explicar de maneira detalhada a legislação trabalhista aos funcionários: objetivos, garantias que oferece, obrigações, benefícios, penalidades, comportamento deles esperado. Esse esclarecimento se faz necessário, pois muitos conflitos dos colaboradores com a organização proveem do desconhecimento que têm de seus direitos e deveres.

Complementar os requisitos da legislação trabalhista com informações sobre a interferência dos sindicatos nas decisões da organização em relação a dissídios coletivos e a outras intervenções a favor dos trabalhadores. Esclarecer ainda o que a organização faz a favor de seus colaboradores, principalmente os benefícios oferecidos (planos de saúde, odontológicos, meritocracia, etc.) e como podem fazer uso correto dessas vantagens.

O plano deve incluir como parte fundamental a explicação da visão, da declaração de missão e dos valores que compõem as diretrizes que orientam a ação da organização. Os colaboradores precisam conhecer e compreender em profundidade essas diretrizes, internalizando-as e praticando-as no dia a dia como inseparáveis de seu trabalho diário. Para isso, é necessário que sejam explicadas de modo a levar os colaboradores a agir de acordo com elas para que a organização atinja seus objetivos a curto e longo prazo. Não é suficiente pendurá-las nas paredes e espalhá-las pelo ambiente interno.

Outra forma de fazer boa comunicação é aproveitar as sessões de treinamento para sempre inculcar na mente dos colaboradores as diretrizes organizacionais e estimulá-los a serem empreendedores na execução de suas funções, pois a organização depende não só da competência dos colaboradores, mas principalmente de seu espírito de equipe, iniciativa e dedicação.

A promoção de eventos internos representa importante elemento para desenvolver a comunicação interpessoal, como programas de integração, festas de confraternização, que podem acontecer em datas especiais, como o Natal, no aniversário da empresa, em comemorações de reconhecimento por terem os colaboradores atingido as metas programadas pela organização.

Para ser bem sucedido, um plano de comunicação precisa de monitoramento. Por isso, os gestores de pessoas precisam também escutar o que dizem os colaboradores, conhecer o ambiente de trabalho deles, suas expectativas, responder as suas indagações e críticas e se responsabilizarem pelas decisões necessárias para o bem-estar de todos. Nada melhor para avaliar essa situação do que realizar anualmente, ou de acordo com as circunstâncias, pesquisas sobre "clima organizacional", "expectativas dos colaboradores" em relação ao trabalho e à própria organização. Essas pesquisas fornecem elementos valiosos para se fazer análise estratégica da ação da organização, verificar as fortalezas e fraquezas da situação interna, bem como as ameaças que podem afetar o comportamento dos colaboradores e principalmente a identificação das oportunidades de melhorar a relação existente entre dirigentes e subordinados.

Os gestores de pessoas podem usar as informações obtidas nas pesquisas para fazer um diagnóstico do cenário interno e promover encontros de comunicação como a melhor forma de aproximação entre os diretores e os colaboradores, estimulando a comunicação face a face, a mais eficaz de todas. Esses encontros oferecem à organização excelente oportunidade para reforçar o comprometimento de todos com seus valores, explicar o sentido de suas decisões, a situação de seus negócios e a preocupação com os colaboradores. São importantes principalmente para que os dirigentes ouçam seus colaboradores, respondam a seus questionamentos de forma objetiva e transparente, o que representará o aumento de sua credibilidade e levará à maior aproximação de todos e dos próprios colegas de trabalho, criando um ambiente saudável de relacionamento e confiança, dissipando boatos e preconceitos contra a organização.

Como lembrado no início desse artigo, o setor de Recursos Humanos foi pioneiro na criação de publicações empresariais – revistas, boletins, jornais. Hoje, pode continuar a lançar mão desses instrumentos, produzidos com maior cuidado, mas não ignorar a existência das mídias digitais, dos seus múltiplos recursos para o desenvolvimento de uma comunicação rápida e eficaz. Aqui é preciso levar em consideração a criação de um portal na Internet, com excelente concepção e engenharia de navegação, trazendo as informações sobre a organização. Ao lado do portal, é preciso criar uma intranet, que possa oferecer não apenas informações sobre a organização, mas a facilidade no atendimento interno aos colaboradores e, principalmente, um "jornal diário" (mural ou online) com informações específicas ligadas ao trabalho desenvolvido, aos programas em execução, mas também que inclua informações do noticiário nacional e internacional. Além disso, se a organização dispuser de pessoal preparado, pode também lançar mão do uso de um *blog corporativo* ou das redes sociais. O uso desses recursos, devido a sua natureza pública, exige certa cautela e discernimento, para não exporem a organização a situações indesejadas ou até nocivas a sua reputação. Quem quiser conhecer com maior profundidade como se elabora um projeto de comunicação pode consultar o livro *A comunicação como estratégia de Recursos Humanos* (Qualitymark, 2007), do qual sou co-autor com o professor Fábio França.

Essas iniciativas demonstram que o setor de gestão de pessoas ocupa hoje posição de importância no estabelecimento de um programa efetivo de boa comunicação com os colaboradores. Quanto maior for a qualidade da comunicação, melhor será o entendimento entre todos e maiores serão os estímulos no cumprimento de suas tarefas e de dedicação à organização.

Gutemberg Leite

É mestre em Ciências da Comunicação e pós-graduado em Comunicação Empresarial pela Faculdade Cásper Líbero e em Administração com ênfase em Recursos Humanos pela Fecap – Fundação Escola de Comércio Álvares Penteado. Tem especialização em "Novas Tecnologias da Comunicação", pela Universidade da Flórida (EUA). Iniciou carreira em Recursos Humanos em 1972, tendo trabalhado em empresas nacionais e multinacionais. Em 1983 fundou a Meta RH, empresa que presta serviços de recrutamento e seleção de pessoal efetivo, temporário, administrado CLT e terceirizado. Também é sócio da Meta Executivos, empresa de seleção de executivos e especialistas.

Site: www.metarh.com.br

Email: gutemberg@metarh.com.br

Telefone: (11) 5187-3400

Anotações

14

Afinal, quem está no comando?

A transferência do afeto para o ambiente de trabalho gera desequilíbrio e solidão. Líderes de Harvard encontraram no autoconhecimento a saída para alcançar a sabedoria da liderança interna

Heloisa Capelas

Nós, humanos, somos seres essencialmente afetivos. Estamos ligados a tudo e a todos os que nos despertam algum desejo de vínculo, sendo peculiar nossa capacidade de investir nossa própria energia psíquica sobre coisas e seres aos quais nos sentimos ligados. Isso significa que já nascemos mobilizados pelo afeto. É uma ligação que representa para nós pertencimento: "Eu faço parte!"

Pessoas em posição de liderança são, antes de tudo, seres humanos. Assim, tal como todos nós, também os líderes buscam o pertencimento, que consiste na expressão máxima de nosso afeto. Se nós pensarmos nas lideranças mundiais, nos indagamos: onde os líderes colocam seu afeto?

Naturalmente, o afeto decorre das relações que estabelecemos com as pessoas, relações estas que em geral nos causam frustração. Nossa dificuldade de relacionamento deriva de nossa incapacidade de lidar com a frustração. O "não" nos é uma expressão difícil desde os primeiros dias de vida, quando queremos nossas necessidades atendidas. Nossa solução para tal dificuldade foi depositar nosso afeto no sucesso e nas conquistas, justificando o apego das pessoas, incluindo-se os líderes, a seus blackberrys, por exemplo, como veículo de notícias, dados, e-mails e contato!

O resultado, o celular, o computador, os grupos de relacionamento na internet têm muitas vantagens quando comparados às pessoas. Eles não têm TPM, nem pai nem mãe, marido, filhos. De uma forma nítida, essa é uma maneira mais fácil de se relacionar. É muito mais cômodo interagir com as máquinas do que com as pessoas, ainda que nossa necessidade factual esteja depositada nas últimas, já que queremos que o celular toque e que o e-mail apareça. Nosso afeto pelas coisas decorre de que elas, de certa forma, nos protegem de frustrações e de riscos que não queremos correr, se mostrarmos realmente quem somos.

A personificação das coisas, enquanto pode ser observada entre as pessoas comuns, ganha ainda mais relevância entre os líderes, os quais têm pouco tempo para a família e os filhos, para cuidar de si mesmos, etc. A pergunta para se fazer aos líderes, portanto, é: onde foi colocado seu afeto? As pessoas não estão bloqueadas para o amor ou incapacitadas de expor o seu afeto. Elas apenas o transferiram de uma forma desequilibrada e inconsciente. Muitas vezes, o líder se transforma em um pai frio, exigindo dos filhos o mesmo alto desempenho que ele exige de seus funcionários. A mãe, ao não ter tempo, terceiriza a educação dos filhos, o que a faz sentir-se fria, bloqueada, incapaz de expressar amor. Mas isso não é verdade! Ela apenas transferiu essa capacidade de expressar amor para outra "coisa". Ela está expressando afeto para a posição que está ocupando, para o resultado que vai alcançar e não exatamente para as pessoas que estão à volta dela.

Em geral, a coisificação do afeto gera solidão, justamente o oposto do que as pessoas estão buscando. Mas por que coisificaríamos o afeto? Ora, é simples, as relações com as pessoas podem ser frustrantes! Contudo, podem-se obter relações de afeto real. Para isso, basta compreendermos nosso movimento de depositar nosso afeto nas coisas. Existe hoje uma série de métodos que intenta adentrar essa compreensão, e todos eles dependem do autoconhecimento, já que as respostas são sempre individuais, subjetivas, únicas e pessoais.

O autoconhecimento vai começar do começo, isto é, você foi uma célula que por afeto se multiplicou e se transformou no que você é! Onde você começou essa história de afeto? Como foi que você aprendeu a lidar com suas frustrações? Que resultados seus pais esperavam de você? O que você aprendeu na infância e hoje você acredita que na vida é assim... que é preciso que... para ter o quê?

Todas essas perguntas precisam ser respondidas para entender porque esse líder coisificou o afeto. Somente assim se pode obter o equilíbrio. Dessa forma, será possível abrir mão do celular, da internet, reduzir o trabalho, o exercício, o álcool. Tudo isso são só anestesias, porque o vínculo afetivo com as pessoas dá muito trabalho. Na verdade, são ilusões que por fim geram solidão. O vício tem um tempo de duração, logo seu efeito passou.

Líderes da Escola de Governo Kennedy, da Universidade Harvard, descobriram como equilibrar seus afetos. Essa harmonização significa unir as quatro dimensões da inteligência do ser humano: intelectual, emocional, intuitiva e corporal, integrando-as de modo a resgatar a sabedoria interior, que denominamos "liderança interna". A liderança interior faz com que o líder saiba onde colocar o afeto e avaliar o tempo de colocar esse afeto. Ele percebe quando domina a máquina e quando a máquina o domina, quando comanda o trabalho e quando o trabalho o comanda.

Esta é justamente a pergunta inicial: afinal, quem está no comando? Enquanto o líder não puder dispor de seu tempo, for vítima do seu trabalho, dos seus e-mails, do seu celular, o seu afeto está no lugar errado. Esse desvio o levará a se sentir só. É o autoconhecimento que gera sabedoria interior, levando-o ao equilíbrio. E equilíbrio resulta em boas escolhas!

Estamos na era da sustentabilidade, mas não estamos conseguindo promover a continuidade de liderança porque um líder não consegue formar outro líder. Essa é a maior prova de que os líderes precisam revisar quem são e qual é o papel deles. O que ouvimos de grandes empresários, os responsáveis pelo PIB brasileiro, são falas do tipo: "Não acho a pessoa certa para ficar no meu lugar para eu poder esquiar. Esse é o meu maior prazer, mas não posso porque não acho ninguém para me substituir". Ser insubstituível consiste em uma posição de destaque ou, no outro lado do espectro, a substituição gera medo.

Esse medo, dentro da nossa metodologia de desenvolvimento de lideres, que chamamos de "Caminho da Liderança", vem desde a infância, partindo do momento da concepção. É ali o começo de toda história. É a esse estágio que os melhores líderes da Escola de Governo da Universidade de Harvard se dispuseram a ir. Onde foi que começou essa necessidade desesperada de ser insubstituível? Ele precisa ser acionado! Porque se não... quem ele vai ser? Só uma pessoa? Um ser comum?

Os alunos de Harvard, considerados os melhores em sua área, utilizaram a inteligência cognitiva a favor deles mesmos. Perceberam, através dessa metodologia de autoconhecimento, que na hora em que eles integram as quatro dimensões da inteligência, eles ficam ainda mais inteligentes. E que traz muita satisfação poder trabalhar e ainda andar de bicicleta, namorar, passear, jogar bola com o sobrinho, que ainda dá tempo de fazer tudo. Cada um se viu ainda mais inteligente quando percebeu que podia conciliar essas coisas. É ele quem está no comando. Ele não é mais vítima da inteligência cognitiva, da qual antes era escravo.

Na hora em que o líder desenvolve afeto pelas outras inteligências, além da intelectual, sente-se ainda mais inteligente porque fica livre para estar no comando. Além de poder, que ele adquiriu com o seu conhecimento, ele cria liberdade através do seu autoconhecimento. Percebe o quanto estava perdendo de potência ao utilizar apenas um cilindro, numa máquina que tem quatro! Com essa descoberta, hoje ele está produzindo muito mais, com muito menos esforço! Isso é potencializar resultados.

O futuro agradece tal movimento, porque os filhos dessas pessoas vão aprender desde pequenos a dividir o afeto e a ter uma vida mais equilibrada. E assim gerar novos líderes, sem medo de ser feliz! Você é substituível, o que é bom! Quando o líder puder ser substituível, ele terá sido um grande líder! A ampliação dos nossos relacionamentos afetivos e amorosos nos permitirá construir um mundo mais seguro e equilibrado, onde máquinas serão máquinas e homens serão homens.

Heloisa Capelas

Com formação voltada para a "Liderança Interna", é filiada da Hoffman Internacional, sócia-fundadora e diretora de desenvolvimento humano do Centro Hoffman. Coach e Master Practitioner em Programação Neurolinguística, com formação em motivação e conquista de objetivos. Especialista em Psicodinâmica Aplicada aos Negócios e em Processos Transformativos. Graduada em Assistência Social e Pós-Graduada em Administração, com ênfase em Recursos Humanos, Heloisa Capelas também ministra palestras e workshops no Brasil e exterior — pelo Hoffman Institute International. Seu trabalho tem como foco direcionar as pessoas para obter a consciência da "Liderança Interna", despertando o máximo do potencial pessoal e profissional.

Site: www.centrohoffman.com.br

E-mail: caminhodalideranca@centrohoffman.com.br

Telefone: (11) 3832-3050 / 8370-5778

Anotações

15

Treinamento ou adestramento?

Inove e desenvolva seu capital humano e terá resultados excelentes

O treinamento é um dos recursos de Desenvolvimento de Capital Humano. Visa ao aperfeiçoamento de desempenhos, aumento da produtividade e das relações interpessoais. Para isso, prepara o potencial humano diante das inovações tecnológicas e das constantes mudanças do mercado de trabalho e é indispensável para a busca da qualidade total

Luciano Loiola

"Se planos para toda a vida, devemos treinar e educar o homem."

(Kwantsu, séc. III a. C.)

Vou começar esse texto relatando algo que já presenciei em algumas organizações em que já atuei fazendo treinamentos e consultorias, e em organizações em que já fui oferecer treinamentos pelo Sebrae, onde atuei como consultor de negócios.

Em várias organizações, principalmente no interior, aonde chegávamos para oferecer os treinamentos, na maioria das vezes éramos recebidos pelo empresário (a), que colocava muita dificuldade e dizia que não iria treinar seus colaboradores porque o concorrente vinha e os tomava dele. Ou que, muitas vezes, esse colaborador saía da empresa e ele fazia esse gasto todo com ele. Sempre que ocorria esse questionamento eu fazia a seguinte pergunta: e se seu colaborador perder essa venda que ele está fazendo agora, quanto vai custar para o senhor (a)? Eles sempre me olhavam assustados e respondiam na maioria das vezes: muito. Então eu retrucava: pois é, se ele for treinado e cada vez mais reconhecido e desenvolvido pela sua empresa, ele atenderá melhor, e consequentemente as vendas vão aumentar e assim você deixará de ter gastos e passará a investir e ter mais retorno na sua empresa e equipe. Alguns até concordavam e fechavam o treinamento, colocando toda a equipe. Outros resistiam, e o que víamos era um verdadeiro adestramento. Empresários que ridicularizavam, ameaçavam, colocavam os erros de seus colaboradores na frente de seus clientes, e achavam que assim iriam melhorar o desempenho deles. Quando não faziam isso em uma sala fechada, marcando uma reunião e colocando todos os pontos negativos, achando que estavam fazendo treinamento. Por várias vezes pude presenciar essas situações.

Infelizmente, ainda existem empresas que adestram seus colaboradores colocando-os em uma sala e começam a apontar erros, a ridicularizá-los, ameaçá-los, e acham que estão fazendo treinamento. Então, temos aí uma grande diferença entre treinamento e adestramento. No adestramento você condiciona comportamentos e desvios no roteiro previsto e o colaborador tende a ajustar a realidade ao modelo idealizado. Caso não consiga esse ajuste, o desempenho dele será um caos e pobre do cliente, seja interno ou externo, pois não terá sua necessidade atendida. Treinar pessoas requer ações didaticamente dirigidas ao aperfeiçoamento do conhecimento, das habilidades e das atitudes, dando oportunidades para o contínuo desenvolvimento pessoal, não apenas no cargo ocupado, mas também em outros que o indivíduo possa vir a ocupar.

Treinar, treinar e treinar...

Faz pouco tempo que o treinamento passou a fazer parte do dia a dia das empresas com maior frequência. Pesquisas recentes mostram que a grande maioria das pequenas e médias empresas brasileiras ainda não investe em treinamento de seus colaboradores. Raramente o empresariado nacional buscava um aprendizado a mais para sua vida profissional, e só com muita dificuldade aceitava pagar treinamento para o empregado, pois esses cursos significavam despesa a mais para o caixa da empresa.

Com a introdução dos Programas de Qualidade, a globalização da economia, a invasão dos produtos estrangeiros, com preços mais competitivos e muitas inovações tecnológicas, o empresário foi forçado a repensar sua postura profissional. E o que era privilégio de um grupo restrito de empresas, a maioria multinacionais, e que, é claro, já investia em conhecimento e novas técnicas gerenciais, passou a ser comum a um grande número de empresas. Mas ainda temos um longo caminho a percorrer.

Indicadores médios encontrados na pesquisa "Retrato do Treinamento no Brasil" feito pela ABTD (Associação Brasileira de Treinamento e Desenvolvimento) em 2009 apontam os seguintes números:

- Investimento anual por treinando: R$1.603,00 (+ 30% = "R$2.080,00")
- Abrangência média dos programas de T&D: 79%
- Investimento médio por folha de pagamento: 3,7%
- Horas médias anuais por treinando: 38,8
- Valor médio de honorários diários de consultoria: R$ 1.195,00

No Brasil, infelizmente, a média de investimento em treinamento ainda é baixa, comparada a alguns países de primeiro mundo. No Japão, as empresas de ponta investem cerca de 160 horas de treinamento anual para cada colaborador interno.

Hoje não tenho nenhuma dúvida de que treinamento é uma ação imprescindível para qualquer empresa que queira ter sucesso. Se você tiver alguma dúvida é porque talvez lhe falte algum treinamento. Como é que um atleta se torna competitivo? Cassius Marcellus Clay Jr., considerado o rei do boxe mundial, disse: não é no ringue que eu ganho a luta. A luta eu ganho antes, com meus treinos, minha dedicação e disposição. O ringue é somente o lugar da celebração de minha vitória. Então, não é no salão da empresa que se ganha o cliente, e sim na sala de treinamento, em uma palestra, no aperfeiçoamento contínuo dos colaboradores.

Uma pesquisa feita recentemente pelo site da Anthropos Consulting mostra uma realidade do que mais o colaborador quer em relação ao seu emprego:

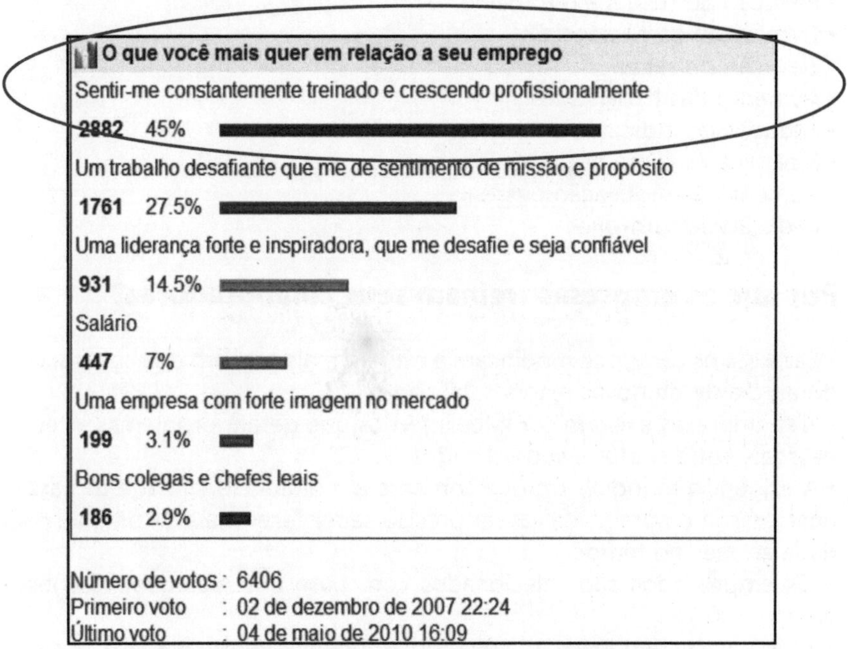

FONTE: SITE ANTHROPOS CONSULTING (http://www.anthropos.com.br)

Em pleno século XXI vemos ainda empresas que consideram o treinamento dispensável. Certamente, em breve elas estarão lamentando ou já lamentam: Puxa, por que estou perdendo clientes? Por que não chego ao sucesso? Imagine então que esse pensamento permeie pela empresa toda. Não seria de esperar que a empresa ficasse para trás em relação aos seus concorrentes que treinam?

Acredite! Treinamento é indispensável! Mas o que nós precisamos saber também é que treinamento pode ser simples. Você pode treinar seus colaboradores em suas dependências no dia e na hora que achar mais conveniente, sem custos de estadias e traslados. Treinamento não é despesa. É investimento, com retorno garantido.

Benefícios do Treinamento

Então, vejamos alguns benefícios trazidos para a empresa e seus colaboradores com um bom programa de treinamento:

- Aumento da produtividade.
- Melhoria na qualidade dos resultados.
- Redução de custos e retrabalho.
- Otimização da eficiência.
- Elevação do saber.
- Aumento das habilidades.
- Redução do índice de acidentes.
- Melhoria do clima organizacional.
- Aumento da motivação pessoal.
- Redução do turn-over.

Por que as empresas treinam seus colaboradores?

- Cada dia os cargos se modificam e exigem mais preparo dos colaboradores, diante de novas responsabilidades.
- Nas empresas existem conflitos internos que geram problemas interpessoais entre chefes e subordinados.
- A exigência mundial, em que somente a multifuncionalidade tornará uma pessoa empregável, vai ser preciso saber fazer mais de uma atividade ao mesmo tempo.
- Os empregados são selecionados com base em suas qualificações gerais.
- As empresas têm técnicas, tecnologias, políticas, normas e planos específicos que precisam ser ensinados aos seus colaboradores.
- Novas funções surgem e outras desaparecem.
- O conhecimento humano evolui, obrigando as pessoas a se atualizarem.
- Os bons profissionais gostam de aprender sempre. Uma empresa que não treina não agrada os bons profissionais.
- Treinamento é um benefício que pode contribuir para atrair e reter bons profissionais.
- A empresa ganha (lucra) quando ocorrem problemas que podem ser solucionados por um bom planejamento de um programa de treinamento.

Então, quer aumentar a produtividade, o faturamento, o conhecimento, as habilidades e as atitudes na sua empresa? Treine, treine e treine. Esse é o caminho.

Luciano Loiola

Formado em administração com habilitação em análise de sistemas pela Aespi, pós-graduado em gestão empresarial pela FGV, pós-graduando em marketing pela FGV, tem formação e certificação internacional em coaching pela Slac, Practitioner Basic Skills (PNL) pelo Idep, foi vendedor e gerente comercial; consultor de negócios pelo Sebrae/CACB/Acig; professor na área de marketing e vendas e empresário.

Site: www.lucianoloiola.com.br

E-mail: lucianoloiola@lucianoloiola.com.br

Anotações

16

Gestão de talentos: solução de sobrevivência no mercado globalizado

O maior diferencial competitivo é o talento humano e sua capacidade de inovar. Diante de um mercado global em que a competitividade e a exigência aumentam assustadoramente, a gestão de talentos é a principal solução de sobrevivência

Luciano Rodrigues

Segundo Peter Drucker, o pai da administração moderna, estamos no início da "Era dos Talentos". Força física, dinheiro, tecnologia e informação já ficaram obsoletos como fatores decisivos para o sucesso de qualquer empreendimento. Até mesmo o controle de qualidade e a atenção ao cliente já são considerados requisitos "normais" para as empresas. Por isso, o papel do Gestor de Recursos Humanos passou a ter foco acentuado no ambiente de mercado competitivo e deve desempenhar papel mais estratégico para o sucesso de uma organização. As organizações que não colocam ênfase na atração e retenção de talentos poderão enfrentar sérias consequências. Agora, entra em cena a expressão "gestão de talentos", relativamente nova, que se refere a atividades para atrair, desenvolver e reter funcionários.

"O novo paradigma do trabalho é multifocal e altamente desafiante: o trabalho precisa ter significado, produzir motivação e prazer, gerar prosperidade, fortalecer a autoestima, produzir reconhecimento autêntico, sinergia com os talentos das outras pessoas da equipe, equilibrar realização pessoal e profissional, ser uma oportunidade de fazer amizades, usar a criatividade, servir à organização, à Humanidade, à Natureza, etc. Enfim, como aprendizagem contínua e missão de vida!" **(Mauro Press)**

Com o aumento da concorrência, para terem sucesso as organizações devem se tornar mais adaptáveis, flexíveis, ágeis e focadas no cliente. Dentro desta mudança no ambiente, o profissional de RH tem que evoluir para se tornar parceiro estratégico, patrocinador do funcionário ou advogado dele e mentor de mudanças dentro da organização.

A função do Setor de Recursos Humanos e a profissão de Gerente de Recursos Humanos mudaram muito nos últimos 30 anos. Muitos anos atrás, grandes organizações olhavam para o "Departamento Pessoal" principalmente para gerenciar a papelada em torno de contratar e pagar as pessoas. Mais recentemente, as organizações consideram seu "departamento de RH" pronto para desempenhar papel importante em termos de descoberta de talentos, formação e gestão de pessoal.

Para ter sucesso, o RH deve ser função dirigida com profunda compreensão do panorama geral da organização e ser capaz de influenciar decisões estratégicas e políticas dentro dela. O foco do gerente de RH deve ser sobre a retenção de pessoal estratégico e desenvolvimento de talentos. Os profissionais de RH deverão ser treinadores, conselheiros, mentores e planejadores de sucessões para ajudar a motivar os membros da organização e desenvolver lealdade com a empresa. O gerente de RH também deve promover e lutar por valores, ética, crenças e espiritualidade dentro das organizações, especialmente na gestão da diversidade no local de trabalho.

Quero aqui destacar como um gerente de RH pode enfrentar os desafios da diversidade no local de trabalho, como motivar os funcionários com bom planejamento, organização, liderança e controle de seus recursos humanos.

Diversidade no local de trabalho

De acordo com Thomas (1992), as dimensões da diversidade no local de trabalho incluem idade, raça, ascendência, sexo, habilidades físicas, qualidades, orientação sexual, escolaridade, localização geográfica, renda, estado civil, crenças religiosas, status parental e experiência de trabalho, mas não estão limitadas a esses fatores.

O sucesso de qualquer organização depende da capacidade de gerenciar um conjunto diversificado de talentos, que pode trazer ideias inovadoras, perspectivas e visões de seu trabalho. Os desafios e problemas da diversidade no local de trabalho podem ser transformados em potencial estratégico organizacional se a gerência do RH for capaz de capitalizar sobre esse caldeirão de talentos diversos. Com a mistura de talentos de diferentes origens culturais, gêneros, idades e estilos de vida, uma organização pode responder às oportunidades de negócio mais rapidamente e de forma criativa, especialmente na arena global (Cox, 1993), que deve ser um dos importantes objetivos organizacionais a serem atingidos. Mais importante ainda, se o ambiente organizacional não apoiar a diversidade em termos gerais, arrisca-se a perder talentos para os concorrentes.

Isso é especialmente verdade para as empresas multinacionais, que têm operações em escala global e empregam pessoas de diferentes países, os fundos éticos e culturais. Assim, um gerente de RH precisa estar atento. De muitas maneiras, a eficácia da gestão da diversidade no local de trabalho depende do equilíbrio hábil do gerente de RH.

Organização estratégica de talentos

Muitas empresas já estão percebendo as vantagens do trabalho com talentos diversificados. Como mais e mais empresas estão caminhando no sentido de expandir seu comércio no mercado globalizado, com bases físicas ou virtuais (por exemplo, as empresas de comércio eletrônico), dessa forma há uma necessidade de empregar diversos talentos para compreender os diversos nichos do mercado.

Com esta tendência, o gerente de RH deve ser capaz de organizar um conjunto de diversos talentos estratégicos para a organização e considerar como força de trabalho permitir à empresa atingir novos mercados e outros objetivos organizacionais, a fim de aproveitar todo o potencial da diversidade de talentos no local de trabalho.

Controle e medição de resultados

As gerências de RH devem realizar avaliações periódicas da organização em questões como remuneração, benefícios, ambiente de trabalho, gestão e oportunidades de promoção para avaliar o progresso a longo prazo. Há também a necessidade de desenvolver ferramentas adequadas para medir o impacto das iniciativas de diversidade na organização do *feedback*, por meio de pesquisas em toda a organização e outros métodos. Sem controle e avaliação adequados, alguns desses programas de diversidade podem fracassar, sem resolver os problemas reais que surgirem, provocados pela diversidade no ambiente de trabalho.

Abordagens motivacionais

A motivação no local de trabalho pode ser definida como a influência que nos estimula a fazer coisas para alcançar metas organizacionais. Existem necessidades especificas para cada individuo manter-se motivado a alcançar metas coletivas. Uma organização deve ser capaz de utilizar diferentes ferramentas motivacionais para incentivar seus funcionários a agirem com esforço necessário para aumentarem a produtividade dela.

Por que precisamos de trabalhadores motivados? A resposta é a sobrevivência (Smith, 1994). Em mercados competitivos, os funcionários motivados e suas contribuições são as divisas necessárias para a sobrevivência de uma organização e o sucesso dela. Fatores de motivação em um contexto organizacional são o ambiente de trabalho, as características do trabalho, sistemas de recompensa organizacional adequada, e assim por diante.

O desenvolvimento de um sistema de recompensa organizacional adequado provavelmente é um dos mais fortes fatores motivacionais. Isso pode influenciar tanto a satisfação no trabalho e a motivação dos funcionários. O sistema de recompensa afeta a satisfação no trabalho, tornando o trabalhador mais confortável e feliz, como resultado das recompensas recebidas. O sistema de recompensas influencia a motivação, principalmente através do valor percebido das recompensas e sua contingência no desempenho (Hickins, 1998).

Segundo dados da pesquisa "As 150 melhores empresas para

se trabalhar", os fatores que mais motivam os colaboradores não são o salário ou os benefícios, mas sim a oportunidade e as condições de fazer dia a dia o que os apaixona, aprendendo constantemente e servindo a uma causa nobre. O papel dos líderes passa a ser o de servir sua equipe para atingir esse estado de alta motivação. O desenvolvimento dos talentos em concordância com uma visão de futuro apaixonante é a base da Era dos Talentos. (Mauro Press)

O papel do gestor de RH deve estar paralelo às necessidades da organização. As organizações bem-sucedidas estão se tornando mais flexíveis, resilientes, rápidas para mudar de direção e centradas no cliente. Dentro desse ambiente, o profissional de RH precisa aprender a gerir de forma eficaz, com planejamento, organização, liderança e controle dos recursos humanos, e ser conhecedor das novas tendências da formação e do desenvolvimento do funcionário.

Para obter sucesso na gestão de pessoas e o resultado esperado no planejamento, ressalto que o diretor do Departamento de Gestão de Talentos deve agir com racionalidade e amor. Não esquecendo que o funcionário é humano e está sujeito a diversos fatores desmotivadores.

Luciano Rodrigues

Administrador, especializado em marketing e vendas. As palestras e workshops são de grande sucesso e abordam temas como Vendas, Atendimento ao Cliente, Trabalho em Equipe, Motivação Profissional, Marketing Pessoal, Marketing de Serviços e Negociação. Nas suas apresentações prevalece um estilo objetivo, dinâmico e bem humorado, objetivando a aplicação imediata, sempre com foco em resultados. Com 10 anos de experiência em palestras, já treinou mais 40 mil profissionais em todo o Brasil, Argentina e França. Secretário Municipal de Administração de Juazeiro do Norte/CE, gestor da pasta com mais de 8.500 servidores. Autor dos livros: Dicas Geniais para o Sucesso Profissional e Sucesso em Vendas - Agradando e Conquistando Clientes. Coautor dos livros: Os 30 + em Vendas e Atendimento e Ser Mais em Vendas.

Site: www.motivacaoevendas.com.br

E-mail: contato@motivacaoevendas.com.br

Telefone: (88) 8802-9866 / 9907-7961

Anotações

140

17

Será que é dinheiro jogado fora?

Treinamentos para equipes de vendas precisam estar sempre atualizados. Saiba quais são os 11 problemas mais comuns a eles e o que fazer para mantê-los eficientes

Marcelo Leal

Neste mercado tão competitivo, as empresas que tiverem estratégias adequadas de capacitação para sua força de vendas terão grande vantagem competitiva. Muito se fala em capacitação, treinamentos ou palestras. Porém, pouco se faz com critérios assertivos e continuidade. Especialmente quando o assunto é gerar mais negócios por meio das equipes de vendas.

Então, qual é a missão do RH? Uma das muitas missões é se conectar aos mais diferentes modelos e formas de treinar pessoas nas organizações. Algumas consultorias utilizam dinâmicas de grupo, tais como a "da troca de papéis", onde um colaborador passa a ser cliente e o outro representa a empresa. Propõe-se um cenário de compra e venda e a dupla "vai até o palco"' realizar a tarefa. Claro que é divertido e transforma o encontro dos representantes ou vendedores em algo lúdico e interativo. Porém, é fundamental que seja feito de forma didática, contextualizando pontos fortes e pontos a potencializar.

Em seu livro, *Jogos, Dinâmicas & Vivências Grupais – Como desenvolver sua melhor "técnica" em atividades grupais*, Albigenor e Rose Militão atestam: a motivação do adulto está diretamente relacionada com as expectativas de melhorias na carreira profissional, no reconhecimento social e na busca do crescimento pessoal.

Outro recurso bastante utilizado são vídeos com *cases* para demonstrar algumas práticas já bem-sucedidas em algumas empresas que servem de *benchmarking* para outras organizações. A Venda Leal e seus treinadores vêm falando da importância em ter foco do cliente há bastante tempo. Acreditamos que a fase do foco no cliente já acabou. Quem tiver o foco no cliente provavelmente vai perder o negócio. Quem tiver o foco do cliente tem mais chances de ter sucesso nas negociações.

Para lançar novos produtos, melhorar rentabilidade ou mesmo ganhar participação de mercado, algumas empresas investem em "grandes figuras" de projeção nacional. Muito bom! Mas como fazer para gerar negócios numa segunda-feira de chuva, quando os "já clientes" não querem receber vendedores ou representantes e o *show room* de sua loja está vazio? De que adiantou estourar os balões ou fazer um grito de guerra?

Proponho que as organizações estejam focadas em minimizar a síndrome da segunda-feira. O que é isso? Estouramos as bexigas e fizemos grito de guerra. E agora, como fazer novos negócios? E se esses negócios forem a partir de uma base de dados aleatória, tal como uma lista telefônica?

Um dos modelos mais contemporâneos e bem-sucedidos do mercado é que após o treinamento, que deve ser frequente nas organizações, os participantes se comprometam com as melhores práticas, numa ferramenta que chamamos de "*work shop* de avaliação e compromisso". No dia seguinte após o treinamento, a consultoria deve estar no próprio hábitat de vendas para comprovar que aquela teoria é perfeitamente aplicável e pode ser incorporada ao dia a dia da organização. Recentemente, tivemos algumas experiências muito bem-sucedidas em relação à prospecção. Uma delas foi numa rede de concessionárias Hyundai, onde fizemos a prospecção junto com as equipes de vendas de seis diferentes filiais, utilizando telefone viva voz. Quando realizamos na prática aquelas ações que foram propostas em sala de aula, provocamos a melhor forma de aprendizado que pode haver. Você atua em conjunto com a equipe de vendas realizando abordagens, atendimentos, fazendo prospecção, entre outros. Trata-se da velha máxima: 'Não dê o peixe. Ensine a pescar!"

Transferimos tecnologia de vendas por meio de exemplos práticos no próprio ambiente do vendedor, com seus próprios produtos e serviços. Esta ação confere ainda mais credibilidade, pois quem escolhe a empresa que vamos prospectar é o próprio colaborador.

Uma das queixas mais habituais que ouvimos de norte a sul do Brasil é da equipe de vendas em relação ao mercado estar muito recessivo ou pouco comprador ou, ainda, que as lojas recebem pouco fluxo de clientes. Porém, algo bem mais grave ocorre. Por miopia comercial e despreparo profissional, os clientes que entram nas lojas são rotulados de formas pejorativas e desconfortáveis, como "pescoço, caroço, sapo, etc".

Apenas para ilustrar, o fluxo de pessoas nas lojas é responsabilidade das equipes de vendas e marketing. Para isso, devem utilizar o telefone e os e correios eletrônicos para fomentar a visita desses clientes com potencial de consumo até sua loja.

A propósito, caro leitor, nesta semana você foi numa loja que vende quimonos de jiu-jitsu? Mas por que você não foi? Pois é. Ninguém entra numa loja para ver produtos ou serviços se não tem interesse por eles.

Falando em fluxo de pessoas nas lojas, ele é apenas o resultado das ações de telefonemas e *e-mail's* efetuados para os *prospect's* pelas pessoas mais interessadas nesta ação: representantes e vendedores.

Joe Girard, autor do livro *Como Vender Qualquer Coisa a Qualquer Um,* considerado o melhor vendedor do mundo, está no *Guinness Book* e é conhecido como Mr. Cadillac. Ele chegou a vender, em média, cinco carros por dia, e dizia que a lista telefônica é o melhor *mailing* que existe. Por isso, mãos à obra!

Apresentamos os 11 problemas mais comuns que costumam levar os programas de treinamento em vendas e marketing a desfechos equivocados. Entre eles estão a má avaliação de problemas, falta de comprometimento dos funcionários, falta de apoio dos gestores e as divergências entre os diversos tipos de programa implantados.

Primeiro: O treinamento não é solução certa para o problema. Com alguma frequência existem alguns problemas graves relacionados ao posicionamento dos produtos e serviços, ao prazo de entrega e pagamento ou ainda precificações feitas de forma inadequada. Mas os diretores de algumas companhias querem treinar, treinar e treinar seus times.

Segundo: Pela frequência de treinamentos ou palestras ser tão exígua, alguns funcionários incrédulos não estão abertos a aprender novas habilidades. Isso os remete aos dias em que estudavam no ensino médio, por exemplo, e eram obrigados por seus pais e professores a ficar sentados na sala de aula a qualquer custo.

Terceiro: Os gerentes não apoiam os programas de treinamentos, pois se veem como solucionadores de problemas, não como treinadores. Por isso, não reforçam o que foi proposto nos treinamentos, tendo seu foco apenas na resolução de problemas e não na geração de soluções. O papel do gerente, entre muitos outros, é do ser o multiplicador dos conceitos adquiridos nos treinamentos.

Quarto: Filosofias e métodos conflitantes são ensinados a cada sessão de treinamento. Com o objetivo de oxigenar suas equipes, trazendo novos facilitadores, a organização não compartilha assertividades e desconfortos de outros projetos com o "novo" palestrante ou facilitador. Certos treinadores vindos de fora não têm as habilidades de forma coerente com as práticas de vendas adotadas por algumas empresas, o que naturalmente frustra a força de vendas, provocando um viés negativo em relação a uma ferramenta fundamental: a capacitação.

Quinto: O treinamento não é relevante para as necessidades mais urgentes da empresa. Normalmente, quem decide o conteúdo do treinamento que será aplicado às equipes não tem foco em vendas ou não consegue realizar a leitura de determinadas necessidades, por não viver o dia a dia de vendas. É fundamental delegar e compartilhar com seus pares a responsabilidade de contratar algo sob medida para as necessidades da organização.

Sexto: O formato não serve para atender às necessidades de treinamento. É realmente muito ambicioso querer que num treinamento de três ou quatro horas os participantes saiam completamente sabatinados e utilizando 100% de tudo que ouviram. Por isso, é fundamental fazer uso de recursos eficazes, como ensino a distância ou outras formas de *coaching*. Constantemente realizamos a "Entrevista com Seu futuro!", apresentada para nossa equipe por Cláudio Diogo, da Tekoare, onde os participantes são estimulados por meio de uma respiração diafragmática ou um relaxamento, a escrever como vai ser sua vida daqui a dois anos, por exemplo. O colaborador preenche um formulário e remete para Ele mesmo. Porém, a organização, de posse dos envelopes muito bem lacrados, até por que violação de correspondência é crime, endereça-os à casa de cada colaborador, cerca de 30 dias após o treinamento. Este prazo proporciona um *recall* do encontro e provoca reflexões sobre o que foi tratado no mês passado, *insigths* daquela palestra ou fatos divertidos do seminário, proporcionando melhor fixação dos conceitos.

Sétimo: Os *e-learnings* ou EAD's são utilizados em excesso ou em situações equivocadas. Os treinamentos a distância oferecem vantagens, mas precisam ser utilizados de forma adequada. Uma solução encontrada é que esta ferramenta seja aplicada apenas para treinamentos com elementos básicos. Os treinamentos mais avançados devem ser realizados em sala de aula com um facilitador de ponta, habilitado a encantar e transferir tecnologia de vendas. Vale a sugestão em realizar visitas orientadas aos concorrentes para perceber a forma como atendem ou ainda quais suas políticas comerciais. Quando se utiliza o telefone viva voz para consultar preços e condições da concorrência, as equipes de vendas se sentem provocadas à fixação dos conceitos e se torna mais assertiva.

Oitavo: Não há acompanhamento depois do treinamento. Algumas empresas gastam alguns milhares de reais em treinamento e depois lavam suas mãos. Quando não se consultam os materiais do treinamento com certa periodicidade, ou quando a equipe não se reúne para discutir novas formas de atuar, o aprendizado não é assimilado de maneira adequada a justificar estes enormes investimentos. Por isso, não adianta só treinar. É fundamental "acessar os conceitos para que não se percam em meio a tantas prioridades do nosso dia a dia". Portanto, estabeleça encontros quinzenais ou mensais e estimule cada participante a trazer um *case* de como foi atendido numa rede de *fast food* ou mesmo numa loja do shopping. A contribuição dos colaboradores da organização promove integração, propõe um exercício constante de comunicação e mantém vivos os conceitos do treinamento.

Nono: O treinador não se aproxima da equipe de vendas por falta de relacionamento. Quando o trabalho não é avaliado com critério pelos contratantes, pode ocorrer outro problema. Quando tratamos com vendedores, de maneira especial, é preciso dar exemplos com experiências práticas vividas no cotidiano das vendas. Porque, quando a equipe percebe que o palestrante não tem esta *expertise*, imediatamente ele é engolido pelos representantes ou vendedores. Por isso, é fundamental uma reunião de diagnose, onde o treinador ouve e compartilha com parte da equipe pontos fortes e pontos a potencializar no relacionamento com clientes ou *prospect's*.

Décimo: Esta sugestão, com certeza, deve estar em primeiro lugar. É fundamental fazer um diagnóstico de atendimento e um laboratório de vendas para conhecer profundamente as necessidades da empresa e de sua força de vendas. No site www.vendaleal.com.br existem sugestões. Algumas organizações querem a "receita de um remédio, sem antes se submeter a uma consulta com exames". É importante investir um pouco mais neste processo de "tirar a febre" para que os treinamentos sejam mais inteligentes, de maior fixação de conceitos e gerem mais negócios.

Décimo primeiro: Em seu livro *O desenvolvimento das pessoas e a educação corporativa*, Marisa Eboli utiliza três fatores básicos para mapear as competências dos colaboradores: Conhecimentos, habilidades e atitudes. O já tão conhecido CHA. O conhecimento está relacionado à compreensão de conceitos e técnicas, ao saber fazer. Habilidade representa aptidão e capacidade de realizar e está associada ao aprimoramento progressivo de suas atividades, o poder fazer. A atitude apresenta a postura e o modo por meio do qual as pessoas agem diante de fatos, objetivos e outras pessoas na organização, o querer fazer. Por isso, só contrate pessoas que amam de fato a docência e estejam se atualizando constantemente. Perceba que o treinamento que serviu no semestre passado certamente está obsoleto para o mês que vem.

Aproveite bem estas sugestões "garimpadas" em todo Brasil, ao longo dos últimos 25 anos. Empresas de diferentes portes e segmentos vêm aplicando o conceito dos 11 erros em suas operações e têm otimizado seus investimentos em capacitação, proporcionando expertise para suas equipes, retorno para os acionistas e satisfação para a pessoa mais importante em nossos negócios: o Sr. Cliente.

Bom treinamento a todos.

Marcelo Leal

É vendedor, graduado em marketing, pós-graduado em metodologia do ensino superior, MBA em Gestão de Negócios pela Estação Bussines School (Ibmec), ex-professor titular da cadeira de Vendas das Faculdades Opet. Iniciou sua carreira na Linck S.A. Equipamentos Rodoviários e Industriais, foi diretor da House of Marketing, vice-presidente do instituto Brasileiro de Marketing e Vendas (IBMV), e teve atuações em concessionárias Honda e Ford. Atualmente é diretor da Venda Leal, palestrante, colunista e consultor com mais de 20 anos de experiência no contato direto com a área comercial.

Site: www.vendaleal.com.br

E-mail: marcelo@vendaleal.com.br

Telefone: (41) 8806-9550

Anotações

18

O "clima" é equilibrado na sua empresa?

O Neo-Equilibrium garante a melhoria do ambiente de trabalho. Ganha o homem com a melhoria da qualidade de vida pessoal e profissional, e a empresa, pois com mais criatividade, aumento da capacidade de concentração e foco no trabalho, a produtividade aumenta muito

Mauricio Sita

"Se você quer transformar o mundo, experimente primeiro promover o seu aperfeiçoamento pessoal e realizar inovações no seu próprio interior. Estas atitudes se refletirão em mudanças positivas no seu ambiente familiar. Desse ponto em diante, as mudanças se expandirão em proporções cada vez maiores. Tudo o que fazemos produz efeito e causa algum impacto."

Dalai Lama

Afinal, o que é o estresse?

Se você quer definições científicas sobre o estresse, sugiro que consulte a farta literatura existente a respeito. Eu vou apenas "falar" sobre o estresse e de forma objetiva para evitá-lo, e até mesmo da sua cura, por meio do Neo-Equilibrium, programa que se utiliza de técnicas de relaxamento, meditação e desenvolvimento da resiliência, resulta no equilíbrio mente-corpo e na melhoria da qualidade de vida. Falarei também de algumas outras formas de tratamento do estresse, para não puxar a brasa apenas para a minha sardinha.

Qualidade de vida é a nova meta das empresas que valorizam seu capital humano. As empresas mais "antenadas" e que estão na vanguarda em termos de desenvolvimento do seu capital humano estão cada vez mais atentas com a capacidade de resiliência dos seus executivos e colaboradores em geral. Muitas já introduziram programas de meditação dentro do horário de trabalho, sabedoras de que assim propiciarão melhor qualidade de vida a todos.

As empresas passam a contar agora como o Neo-Equilibrium, que é um treinamento coerente com o conceito do Mindfulness Based Stress Reduction. É uma ferramenta eficaz para desenvolver a resiliência, reduzir e eliminar o estresse.

O Neo-Equilibrium propicia ao seu praticante o EAP – Estado de Atenção Plena, um quarto estágio de consciência que está dentro dos princípios mais modernos e cientificamente comprovados do Mindfulness Based Stress Reduction, ou seja, atinge resultados mais completos para a prevenção e o tratamento das chamadas "doenças da vida moderna", dentre as quais estão o estresse, depressão, síndrome do pânico, tensão nervosa, fadiga, falta de concentração, baixo rendimento profissional, problemas de memória, etc.

Se você é como eu, que adora explorar mais profundamente um assunto, acompanhe-me no raciocínio. Se concordar comigo, prepare-se para receber críticas de todos os lados. A vantagem é que nós sabemos que estamos com a razão, não é?

O estresse, como doença, não existe por si próprio. Não há vírus causador do estresse. Ele não é transmitido por contágio entre pessoas. Não é hereditário. Há situações que estressam algumas pessoas, desestabilizando-as e levando-as até quase à loucura, e que passam totalmente despercebidas por outras. E tem mais: o estresse "positivo" é indispensável na nossa vida, inclusive para atingirmos o sucesso.

Consequentemente, é a nossa reação mental a determinadas situações que pode ou não nos levar ao estresse. Dependendo na nossa adaptação às situações que exigem enfrentamento, o estresse gerado pode ser positivo ou negativo. Será positivo quando nos alerta e nos prepara para enfrentarmos os problemas com vigor. O enfrentamento bem sucedido nos dá a sensação de vitória, de capacidade de superar obstáculos (está associado à resiliência). A nossa mente diz "que venham os problemas, pois estou bem disposto e tenho forças para enfrentá-los".

Entretanto, ele será negativo quando produz deformidade na capacidade de resposta. Não reagimos mais de forma adequada diante de situações estressantes, e isso acaba atingindo nosso comportamento mental e orgânico. Interfere em nosso estado físico e no relacionamento com as pessoas e com o mundo que nos cerca.

O estresse, portanto, é um estado de alerta que ocorre no ser humano sempre que sofre ameaça, pressão ou desafio de ordem física ou psicológica. Sob a ação do estresse a mente fica tensa, oprimida, inquieta, preocupada, perturbada e agitada.

A despeito de eu falar um pouco sobre a "doença", o único objetivo é mostrar os caminhos para evitá-la ou sair dela.

Repito que a maioria dos motivos, eventos e incidentes que estressam algumas pessoas pode não causar o mesmo efeito em outras.

Quando estamos "de bem com a vida" passamos por cima de muita coisa, dá a impressão de que nada pode nos tirar do estado de graça que estamos vivendo. Se coisas desagradáveis acontecerem, encaramos como naturais, como se realmente estivéssemos suscetíveis à ocorrência delas, são coisas que acontecem para quem está vivo. Chegamos a rir dos problemas.

De outro lado, nos estressamos com facilidade quando estamos "de mal com a vida", uma vez que a qualquer pequeno problema reagimos com irritação, raiva, ódio, sentimento de vingança, preocupação excessiva, frustração, ansiedade.

Concluímos que podemos evitar o estresse, dependendo da nossa preparação para reagir às coisas do dia a dia.

Entretanto, há alguns fatores que contribuem mais para desestabilizar o nosso comportamento. É lógico que se desenvolvermos a resiliência e soubermos como encará-los eles não nos estressarão, ainda que muitas vezes irritem até os mais calmos, equilibrados e resilientes. Veja alguns exemplos:

Excesso de barulho na casa do vizinho, quando você está vendo um filme na TV, ou quando você quer dormir.

- Festa na casa do vizinho, com som e risadas altas até a madrugada.
- Duas pessoas falando alto, sentadas logo atrás de você no cinema.
- Derrota da equipe de esportes para a qual você torce.
- Espera do marido ou da mulher, para que o outro se arrume, já estando atrasados para um compromisso.
- Fumaça de cigarro para não fumantes.
- Etc., etc., etc.

Para esses casos, o ideal é que você encontre uma solução para não sair do sério. Tente lembrar, por exemplo, que em algumas vezes durante o ano você também dá festas na sua casa e com certeza deve incomodar alguém. Pense que seus pais fumam, não conseguem abandonar o vício com facilidade, já devem ter incomodado muitas pessoas e nem por isso você aceitaria que elas os agredissem. Que não deve reclamar quando o companheiro atrasa para se arrumar, pois isso não é privilegio só dele, e se você reclamar demais poderá esperar pela volta.

Outros desestabilizadores do equilíbrio físico-mental

Se você entender e aceitar que na vida há elementos desestabilizadores do equilíbrio mental, começará a ter mais facilidade para superá-los.

Por vezes, alguns dos nossos próprios hábitos vão contra o equilíbrio, uma vez que estimulam o sistema nervoso simpático.
Veja alguns estímulos físicos que causam excitação e ajudam a aumentar o risco do estresse:
1 – Alimentação errada, incluindo as bebidas que contêm cafeína e as alcoólicas.
2 – Cigarro e drogas.
3 – Sedentarismo. A falta de atividade física acomoda as pessoas, mas também as irrita.
4 – Respiração errada e insuficiente para o organismo. Se não tivermos uma respiração adequada, vamos fazer com que ela seja indutora de um estado de estresse.
Etc., etc., etc.

Agora, vamos às boas notícias.

- A melhor é que o estresse pode ser evitado e tem cura total com a prática do Neo-Equilibrium, da meditação, da dança, do yoga, da prática de um esporte, acupuntura, hidroterapia, férias, viagens e mudanças de hábitos, etc.

• Uma pessoa é diferente da outra. Passando pelas mesmas situações estressantes, algumas suportam sem sequelas, enquanto outras se estressam profundamente.

Há pessoas mais resilientes, que são capazes de suportar sem maiores problemas atividades complexas e extenuantes, pressão por resultados, agenda cheia, excesso de trabalho, enquanto outras sob carga de trabalho bem mais suave chegam ao estresse. Em ambos os casos, a prática do Neo-Equilibrium evitaria a ocorrência da "doença".

• A resiliência é forte fator eficaz antiestresse. Sugiro que você participe de palestras ou leia mais sobre resiliência e como desenvolver essa característica. Os resilientes não entram em estresse profundo e não chegam ao burnout, ou seja, o estado crítico e agudo de estresse que resulta em depressão, síndrome do pânico etc.

• O autoconhecimento proporcionado pelo Neo-Equilibrium é um diferencial para evitar o estresse, e também para a cura dele.

Quem se conhece tem a capacidade de se autoanalisar. Tem a percepção para entender quando está desmotivado em razão do excesso de pensamentos negativos em sua mente. Bastará perceber que esse negativismo está impedindo-o de realizar coisas novas ou diferentes, e que ele está interferindo nas suas relações interpessoais, para que o sinal de alerta se acenda. E se não acender o sinal, em razão do autoconhecimento, cairá a ficha quando seus amigos ou familiares falarem "nossa, como você anda ranzinza, você está muito chato". Quem pratica o Neo-Equilibrium ouvirá a sua voz interior ou, na pior hipótese, dará atenção às vozes exteriores.

A partir dessa observação, entenderá que está num momento crítico e que precisará mudar o rumo das coisas, para evitar o estresse. Só esta tomada de consciência e a utilização dos princípios do Neo-Equilibrium já serão suficientes para adotar comportamentos e atitudes corretivas. Com certeza, não entrará em estresse.

A medicina de hoje aconselha aos estressados que aprendam técnicas de relaxamento e de meditação antes que seja tarde demais, porque a tendência é que o processo de esgotamento se acelere.

Em outras palavras, o controle e a eliminação do estresse pode ser feito pelo próprio "doente".

Se você anda estressado, sugiro que você se aperfeiçoe nas práticas do Neo-Equilibrium. Além de melhorar seu estado geral e principalmente o humor, estará irradiando os efeitos benéficos da técnica para todas as pessoas que o cercam.

Você vai gostar tanto de viver sem estresse que não vai entender como conseguiu perder tanto tempo até conquistar a verdadeira qualidade de vida.

Mauricio Sita

É um dos precursores no Brasil do tema Resiliência, uma vez que faz palestras desde o ano 2.000. Publicou vários artigos abordando os diversos aspectos da resiliência, seja pessoal, profissional e até mesmo sobre empresas resilientes. Foi alto executivo de diversas empresas, entre elas a Minasgás S.A. e a General Electric do Brasil S.A. Foi presidente da Editora Vencer e diretor editorial da revista VENCER!. É o criador do Neo-Equilibrium. Um curso com foco na melhoria do bem-estar e na qualidade de vida, utilizando as técnicas de relaxamente, meditação e o desenvolvimento da resiliência. Tem formação em Psicanálise, Filosofia e Ciências Jurídicas e Sociais. Coordenador editorial do livro *Ser + Líder e Ser + em Vendas, Editora Ser Mais-2010.*

Site: www.neoequilibrium.com.br

E-mail: mauricio@revistasermais.com.br

Telefone: (11) 2691-6706

Anotações

19

Cuidar das pessoas é o melhor caminho

Mensurar potencial humano é uma das coisas mais difíceis em um negócio. Quando custa aquele funcionário? E aquele outro? Sua felicidade e motivação têm preço? Quem agrega mais, o motivado ou o desmotivado? Falar em Capital Humano é o "último grito" da área de Recursos Humanos. E na prática, o que fazer?

Mirian Moreira

Esse artigo se propõe, justamente, a mostrar o que já é feito na prática em uma Sociedade Econômica multinacional. O Grupo Snap, com know-how na área comercial, mostra um pouco o que sua Gestão de RH faz para tornar cada vez mais valioso seu precioso quadro de funcionários.

Cuidar é a palavra-chave do negócio.

Alguns conceitos modernos de RH se tornaram grandes chavões no meio da Gestão de Pessoas. Falar em Capital Humano significa dar valor "monetário" às pessoas dentro de uma empresa. Significa mostrar em números o quanto vale cada funcionário competente que a empresa tem. Dar "valor" às competências é chegar à brilhante conclusão de que conhecimento, capacidade e comprometimento influenciam diretamente no lucro que um negócio pode dar.

Mas de que adianta saber que isso é vero? De que adianta discursar tão bonito se não se colocar em prática? O que fazem as empresas para dar "valor" aos seus funcionários?

Remunerar bem só não basta. Desde muito tempo que se sabe que o indivíduo não precisa somente de reconhecimento monetário.

Segundo Maslow, as necessidades vão muito além disso. No segundo patamar da pirâmide de Maslow se fala da necessidade de Segurança, que se ameniza com o fato de o indivíduo estar empregado, mas no quinto patamar se fala da necessidade de Realização Pessoal, que envolve justamente sua motivação pessoal, sua felicidade em ser reconhecido pelo que faz e pelo que é.

Levando a teoria para prática, surge então a necessidade de se mudar o foco do RH, de se levar o RH para cada vez mais perto do funcionário. O RH não pode ser um departamento inacessível, não pode ser mais um setor de negócios. Nosso negócio (o funcionário) está lá na ponta, lá na frente, dando a "cara a tapa", mostrando-se o tempo todo, e, diretamente, sendo responsável pelo sucesso ou insucesso do negócio.

Na Sociedade Econômica em que lidero o Departamento de Recursos Humanos, trabalhamos com várias empresas e para cada uma delas temos forma diferente de atuar, níveis diferentes de atendimento e vendas. Mas em todas elas mantemos proximidade com os funcionários, que nos faz saber o nome e uma parte da história de cada um deles.

Conhecer sua história pessoal, se "envolver" em suas questões, é mostrar para o funcionário que nos preocupamos e nos solidarizamos com as dificuldades deles e comemoramos suas conquistas e alegrias.

É muito comum o funcionário se utilizar dessas histórias para justificar desmotivação, improdutividade, atrasos e faltas. Conhecendo e participando, as histórias passam a ser compartilhadas e administradas em conjunto, ajudando a arrumar soluções para que elas não afetem sua vida profissional. Com isso se consegue um índice muito baixo de falta de produção por problemas particulares. Conhecemos também a característica comportamental de cada um, para que possamos identificar quando começam a apresentar mudanças de comportamento, antes que isso afete seu rendimento.

Para nós, do Grupo Snap, cuidar das pessoas é mais importante do que administrá-las. É isso que fazemos.

Ainda nessa linha do cuidar de nosso Capital Humano, buscamos parcerias com outras empresas. Detectamos o que os funcionários gostariam de fazer e acham que não podem por falta de condição financeira, e procuramos empresas para concederem descontos ao grupo. Fechamos, então, parcerias com Universidades, Escolas, Cursos de Inglês, Academias, Salões de Beleza, etc.

Tudo sempre voltado para os funcionários e seus dependentes, o que demonstra mais uma vez a preocupação com sua vida fora da empresa. Esse é um fator importante, se preocupar com sua família, significa reconhecer que ele não é unicamente aquele funcionário de sua empresa, e sim um grupo de pessoas que depende do trabalho dele.

Outra ideia que surgiu no Recursos Humanos depois de conversas "de corredor" com funcionários foi a Ciranda da Leitura. Esse projeto fez com que criássemos uma biblioteca dentro da empresa com livros dos próprios funcionários.

Funciona da seguinte forma: o funcionário traz um ou mais livros, se associa à biblioteca e passa a ter o direito de pegar emprestado qualquer livro do acervo. O livro (ou livros) que ele usou para se inscrever no projeto será devolvido a ele no ato do seu desligamento do grupo.

Todos os que pegarem livros emprestados têm o compromisso de devolvê-los no mesmo estado em que o encontraram, sob pena de ter que comprar novo exemplar para ressarcir o colega. Como os livros são dos próprios colegas de trabalho, o comprometimento com o cuidado deles é maior do que em uma biblioteca comum.

Esse projeto teve diversos objetivos por trás do principal, que era o Incentivo à Leitura. E ainda teve surpresas em outros segmentos não pensados previamente.

Entre os objetivos esperados tínhamos:

- Melhorar a escrita dos funcionários, já que hoje em dia a escrita está comprometida por causa da linguagem dos chats e isso se reflete nos e-mails trocados internamente.
- Dar oportunidade a todos de ler livros diferentes sem gastar dinheiro.

- Fazer circular livros que estejam em casa e parados por já terem sido lidos.

Além desses objetivos, percebemos que o relacionamento interpessoal melhorou bastante, pois o funcionário ao pegar um livro sabe a quem pertence e procura o colega para comentar e trocar ideias, aumentando assim a interação entre as equipes, o que torna o ambiente de trabalho cada vez mais agradável.

Uma outra prática que desenvolvemos em uma de nossas empresas, justamente a empresa que trabalha com funcionários com padrão socioeconômico mais baixo, é, mais uma vez, se fazer da Pirâmide de Necessidades de Maslow e apelar para o primeiro patamar – Necessidade de Fome e Sede, juntamente com a de Reconhecimento Pessoal.

São equipes de vendas externas (porta a porta) com 10 membros e um líder cada, que atuam em comunidades carentes. Em reunião mensal de resultados com esses líderes, conseguimos discutir todos os assuntos com ordem e objetividade, e ainda uma grande motivação em cima dos resultados, pois todos sabem que se os mesmos foram alcançados a reunião "terminará em pizza" literalmente. Compramos pizza e refrigerantes para todos, paramos a reunião e passamos a conversar sobre trivialidades. Basta que um dos colegas (líderes) alcance o resultado esperado para que compartilhemos com os demais nosso "rodízio de pizzas". Isso faz com que os que não alcançaram saiam motivados para continuar se esforçando em busca da superação dos resultados.

Poderíamos ficar aqui enumerando diversas práticas que utilizamos para "Cuidar de nosso Capital Humano", mas todas elas visam sempre ao mesmo objetivo:

Colocar o funcionário no lugar de MAIOR PATRIMÔNIO que uma organização possui.

Mirian Moreira

Dez anos de experiência gerencial na gestão de pessoas, adquirida e desenvolvida em empresas da área comercial e de telecomunicações. Sólida vivência no segmento de consultoria de recursos humanos. MBA em Gestão de Recursos Humanos pela Universidade Gama Filho, formação em psicologia pelo IBMR no Rio de Janeiro. Diretora Executiva de Recursos Humanos da Sociedade Econômica Grupo Snap. Sócia-gerente da empresa Rhintel, consultoria em gestão de pessoas.

Site: www.gruposnap.com.br, www.rhintel.com.br

E-mail: contato@rhintel.com.br

Telefones: (21) 8893-4293

Anotações

20

Gestão de ideias, talentos e valorização do capital humano

Para vencer neste século, as empresas precisam aceitar que as pessoas são o seu maior capital, e que por isso deverão investir cada vez mais na gestão de ideias, talentos e valorização do capital humano para formar times competentes, preparados e comprometidos com o presente e o futuro dos seus negócios

Mr. Mind

Trim! Trim! Trim! Este não é o som do telefone da sua casa, nem do seu trabalho. Esse é o som da mudança, é o aviso de que novos tempos chegaram para ficar. Já superamos a Era Agrária, onde quem mandava era quem tinha terra. Já superamos a Era Industrial, onde quem mandava era quem tinha capital. Agora, navegamos na Era do Conhecimento, e quem manda é quem tem conhecimento e sabe comunicar.

Tanto se fala em gestão de ideias, talentos e valorização do capital humano que, às vezes, algumas pessoas tendem a acreditar que a empresa que está contratando seus serviços terá este imprescindível pacote de assessoria a oferecer.

É tão bonito, tudo no lugar, filosofia, missão, valores e visão, tudo emoldurado e com vidro antirreflexo, perfeito. O colaborador olha, o cliente olha, o fornecedor olha, o concorrente olha, e todos pensam: "Caramba! Que empresa organizada, dinâmica e completa".

Balela. Na maior parte das vezes é balela. É o típico produto comprado pela embalagem, não existe qualidade no conteúdo. Você compra, paga o preço e paga novamente um preço por ter comprado.

Trim! Trim! Trim! É Século XXI. Sabe o que isso quer dizer? Sim! Não! Talvez! Quer dizer: complexidade, velocidade e incerteza. As coisas nunca, em época alguma, estiveram tão complexas, velozes e incertas. O mundo em que vivemos fossilizará sem dó aqueles que recebem a espada e não aceitam entrar em combate. É isso mesmo, fossilização. O ser humano que prezar por ficar em uma zona de conforto, fazendo tudo sempre da mesma forma, tendo medo de ousar e reclamando dos resultados, será extinto, tudo em detrimento direto do modo de vida que escolheu em um Século que não mais tolera esse tipo de comportamento.

O Século XXI é marcado por dinamismo, instabilidade e evolução. A única certeza estável é a certeza de que tudo vai mudar. Se as pessoas que trabalham dentro das empresas e movimentam o mundo com seus produtos, serviços, ideias e talentos não despertarem, estarão fadadas ao sumiço eterno, que ocorre em massa todos os dias e cada vez com mais força e poder devasta a vida de quem acha que "tá bom do jeito que tá".

Existem dois tipos de profissionais extremamente perigosos no mercado de trabalho. Aqueles que têm muita atitude e pouco conhecimento, e aqueles que têm muito conhecimento e pouca atitude. Ambos são uma bomba-relógio, podem estourar a qualquer hora, sem avisar. E são esses profissionais que, se não fornecido ensino a eles, instrução e orientação com precisão, poderão acarretar sérios problemas para a empresa.

A tendência de criar mecanismos que apuram resultados de forma específica e precisa parte principalmente de grandes empresas, que percebem que não conseguem mais lidar com o mercado, os custos e despesas cada vez mais altos, os ganhos cada vez mais baixos, a concorrência cada vez mais interrupta e capacitada, o cliente cada vez mais no poder de decisão do preço do produto ou serviço. É esse o ponto de maturidade que as empresas têm de superar e suportar se desejam alavancar crescimento, desenvolvimento e evolução. Nada de garantias, ninguém garante que, tendo este propósito, e fazendo esta escolha todos os dias, a empresa vai se perpetuar no mercado.

Apenas com um estudo diário, meticuloso e futurístico a empresa deve passar a entender cada vez mais que o que define o jogo no mercado competitivo são as pessoas. O maior investimento deve ser em pessoas. Pessoas que investem em pessoas certas têm infinitas chances de se manter em um mercado em plena expansão. Claro, porque também não adianta investir em qualquer um. A química acontece quando se investe nas pessoas certas. Investimento errado traz sérias conseqüências e todos já conhecem o resultado: "uma laranja podre apodrece todas as outras". É assim que acontece, inevitavelmente.

As empresas, na verdade, os profissionais da empresa, devem ter olho clínico para contratar colaboradores que literalmente "vistam a camisa" e não se importem em fazer acontecer perante qualquer intempérie. Para tanto, alguns critérios devem ser seguidos:

•Treine constantemente as pessoas que são responsáveis por despertar o potencial em outras pessoas.
•Treine constantemente as pessoas subordinadas.
•Fique atento aos talentos.

Abre aspas:

•Os talentos são pessoas muito acima da média, e em detrimento disso tão especiais. Ao descobrir um talento, separe-o dos demais, faça-o reconhecer o que faz de excepcional e aprimorar sem limites.

Lembretes:

•É importante que treinamentos mais específicos, técnicos, que demandam maior atenção, aconteçam em lugares onde se possa ter acesso à prática.
•É importante que treinamentos menos específicos, práticos e motivacionais aconteçam em lugares abertos, por exemplo, em contato com a natureza.
•Priorize treinamentos dentro da empresa quando realmente for

necessário. Os colaboradores passam muito tempo na empresa e podem não usufruir do treinamento por não conseguirem se desligar totalmente, ou em parte.

Para o Século XXI, as empresas precisam investir diretamente na gestão de ideias, talentos e na valorização do capital humano. No entanto, existem ferramentas e técnicas que mesmo pretendidas com bons olhos podem trazer resultados ruins para a empresa. As dicas são:

Sobre a contratação:

•Utilize profissionais especializados para realizarem a entrevista e dar continuidade ao processo anterior à contratação.
•Antes de iniciar a entrevista, esclareça com o profissional o que você realmente deseja do novo contratado.
•Oriente o profissional que utilize uma pauta para coordenar a entrevista e estipule tempo. O tempo vai variar de acordo com o cargo ou mesmo com as exigências da empresa.

Sobre a utilização de meios para valorizar a gestão de ideias:

•Utilize sempre a gestão de ideias com foco. De nada adianta dispor de papel e caneta para os colaboradores. De nada adiantam, também, perguntas como: "O que você acha que podemos melhorar?", ou "Como você acha que está a nossa sessão de eletrodomésticos?" Questionários longos demais também geram incongruências e discrepâncias e normalmente a informação é mencionada sem o ato de pensar. Portanto, é falsa, não tem validade e não merece atenção".

Sobre a seleção de treinamentos:

•Defina o que você deseja promover na equipe. Defina qual é a mensagem que deseja passar.
•Avalie se vale a pena trabalhar com a equipe inteira ou dividi-la.
•Se você não tem um profissional na sua empresa, entre em contato com amigos, parentes, ou mesmo com outras empresas bem-sucedidas e que costumam treinar seus colaboradores para saber qual seria a empresa ou o profissional mais indicado.
•Não opte por treinamentos baratos. Não opte por empresas ou profissionais sem referência. Não opte por empresas ou profissionais que oferecem milagres.

Sobre a manutenção dos colaboradores:

•Não utilize sempre os mesmos conhecimentos, ferramentas, fundamentos e técnicas.
•Não utilize sempre os mesmos profissionais.
•Faça os treinamentos em lugares diferentes e pouco previsíveis.
•Surpreenda seus colaboradores.

Sobre outras ferramentas e técnicas:

•O coaching e a PNL podem oferecer resultados mensuráveis em tempo recorde. Ambas as ferramentas estão em expansão e têm técnicas específicas e abrangentes para lidar com tenacidade com as pessoas.

Sobre as reuniões:

•Tenha sempre uma pauta preestabelecida em mãos.
•Estipule um horário para iniciar e um horário para terminar. Nunca exceda em mais que 10% o horário determinado para o término.
•Disponha de café, chá, suco ou água para os participantes.

Outras ideias para manter seus colaboradores treinados:

•Conferências, congressos, feiras, seminários e simpósios podem oferecer uma grade completa ou bem evoluída de conhecimentos. Pesquise na internet o que está acontecendo no mundo e veja o que você pode fazer dentro dos seus limites.

Sobre a gestão de resultados:

•Analise resultados sempre com um espaço de tempo definido.
•Não pressione as pessoas com cobranças desnecessárias antes ou depois do treinamento.
•Transforme as cobranças necessárias em uma linguagem que forneça a clara impressão de ganha-ganha.

As pessoas são o bem mais precioso das empresas. O grande diferencial competitivo são as pessoas. Não há um limite imposto pelo Universo. O que há é um limite individual, criado e mantido por si mesmo, com base nas próprias crenças, valores e ideologias. Você pode fornecer um ambiente de plena expansão às pessoas. Tal como você escolher acordar pela manhã ou continuar dormindo. É uma decisão vital para prosperar o negócio e fazer acontecer.

Mr. Mind

Fundador do Centro de Terapias e Treinamentos Transformacionais Mr. Mind, empresa especializada em Treinamentos Transformacionais nas áreas de Performance Humana e Excelência Pessoal. Criador da Clínica Transformacional® (Instituto de estudo, pesquisa e prática de modelos terapêuticos transformacionais). Criador da Metodologia Coaching Transformacional®. Consultor Corporativo com experiência em micro, pequenas, médias e grandes empresas. Conferencista, Líder Motivacional, Palestrante, Hipnoterapeuta, Hipnólogo e Especialista em Linguagem e Comunicação Humana. Bacharel em Administração pela Unochapecó. Certified NLP Practitioner, NLP Master Practitioner e Hypnotherapy Instructor pelo ABNLP (American Board of NLP), que é o Conselho Mundial que regula o uso da PNL (EUA). Certified Hypnotherapy Instructor pela AIHCE (Academia Internacional de Hipnologia Clínica y Experimental), que é o Conselho Mundial que regula o uso da Hipnose (Navarra, España). Autor de vários DVDs de aperfeiçoamento e formação pessoal e profissional. Coautor do livro "Ser + em Vendas" (Editora Ser Mais, 2010).

Site: www.mrmind.com.br

E-mail: mrmind@mrmind.com.br

Telefone: (49) 8839-4355

Anotações

21

Um novo RH (positivo) para as empresas

A Área de Recursos Humanos das empresas precisa passar por profunda reformulação para se tornar mais estratégica e criar diferenciais competitivos na gestão de pessoas

Paulo Pereira

Ao longo dos anos, a Área de Recursos Humanos vem passando por frequentes e intensas transformações. De simples e rotineiro Departamento de Pessoal, ganhou status, por muito tempo, de Relações Industriais, na época do predomínio das multinacionais que se instalavam no Brasil. Depois, evoluiu para Área, Departamento, Diretoria de Recursos Humanos, estágio atual e predominante na grande maioria das empresas, no Brasil e no mundo.

As mudanças e as transformações ocorridas na área ao longo dos anos foram quase sempre no tocante a se fazer melhor o mesmo que se fazia antes. Muitas vezes apenas mudando os nomes das atividades para nomes mais pomposos e modernos, de preferência termos chiques em inglês, com inovações tecnológicas nos sistemas, processos e procedimentos de trabalho na realização das tarefas. Ocasionalmente, a implementação de novos subsistemas, ferramentas e instrumentos de gestão trouxe alguns bons resultados para as pessoas, para a Área de RH e outros avanços para as empresas.

No entanto, esses resultados ainda foram insuficientes para provocar o que julgo a grande, necessária, determinante e inevitável transformação na Área de Recursos Humanos. De simples área, departamento e diretoria de prestação de serviços dentro da empresa, quase sempre estrategicamente desconectada de sua realidade organizacional, Recursos Humanos precisa se transformar em função estratégica para cada um dos gestores da empresa, em qualquer nível hierárquico. Precisa deixar de ser apenas uma Área e passar a ser função e papel gerencial de todos, do presidente ao menor encarregado ou líder de seção.

Precisamos desenvolver uma nova atitude e uma nova postura em relação aos atuais Departamentos, Áreas e Diretorias de Recursos Humanos de nossas empresas e colocá-los na condição de "bola da vez" em termos de necessidade de profundas e inadiáveis mudanças. É claro, estamos falando de empresas que pretendem figurar, ou continuar figurando, no futuro, entre as vencedoras neste cenário altamente competitivo e globalizado que estamos vivendo.

Sem nenhuma "invenção da roda", pois podemos utilizar alguns dos instrumentos e ações muito parecidos com os que foram utilizadas nos programas que visavam, em anos anteriores, desativar ou redirecionar os antigos e poderosos Departamentos de Controle de Qualidade das empresas. Onde funções, tarefas e responsabilidades foram (e continuam sendo) gradativamente incorporadas ao processo produtivo como um todo. Além de termos a chance de não repetir os erros de experiências anteriores, poderemos aperfeiçoar aqueles instrumentos e ações outrora válidos e criar uma série de outros.

As empresas que desejarem sobreviver e se tornarem

vencedoras no novo contexto socioeconômico precisam repensar seus atuais departamentos de Recursos Humanos e levar sua nobre condição, enquanto função estratégica, para a presidência. E juntamente com ela compartilhar com toda a cadeia de comando da organização, qualquer que seja o seu tamanho e complexidade.

Se a função e o papel de RH não forem responsabilidade estratégica do presidente e de todas as pessoas que ocupam posição de liderança ou comando, em qualquer nível hierárquico da organização, certamente o discurso sobre RH que estiver sendo praticado será falso. Os resultados que essas empresas obterão por meio de suas pessoas ficarão abaixo de suas reais potencialidades e necessidades.

Propomos que em termos de visão de futuro para a área e função de RH, cada um dos profissionais da empresa que tiver sob sua responsabilidade a supervisão ou subordinação de pessoas seja um efetivo "Gerente de Recursos Humanos", de fato e de direito. Com a responsabilidade total – talvez até mesmo exclusiva – da gestão dos assuntos de RH sobre as pessoas colocadas à sua disposição.

Mas para os gestores poderem desempenhar adequadamente este novo e ampliado papel, o RH precisa se utilizar de ferramentas de gestão recicladas, ampliadas, e desenvolver habilidades e competências na organização para lidar com gente, orientado por sólidas políticas de gestão de pessoas, aceitas como verdadeiras pela maioria e difundidas de forma perene no ambiente organizacional.

Nessa nova proposta de gestão de RH, cada subordinado poderá ver e sentir a própria empresa na conduta e nas atitudes de seus "gerentes", que para todos os efeitos chamamos, neste artigo, de diretor, gerente, supervisor, chefe, encarregado ou líder.

Assim, terá plenas condições para decidir e avaliar cotidianamente se vale a pena ou não continuar a investir e a dar o melhor para a empresa, convencendo-se de que, em contrapartida, verá as expectativas pessoais e profissionais dela serem conduzidas de forma adequada.

Não podemos continuar participando de um jogo em que os empresários fingem que suas áreas de RH, subordinadas e sufocadas por arcaicas estruturas administrativas e financeiras, são estratégicas, importantes e funcionam. Normalmente somos vistos por toda a organização mais como poetas e sonhadores do que como agentes ativos do processo produtivo. O RH tem que ser visto como importante, estratégico e indispensável.

O pressuposto para essas inadiáveis mudanças é a constatação de que a real diferença competitiva entre as empresas sempre esteve (e estará), de fato e em última análise, em suas pessoas, não importando o porte, a complexidade, a capacidade tecnológica e as condições econômicas e financeiras de cada uma. Isso pode parecer óbvio, mas na prática não o é, pois a maioria das empresas continua praticando ações e procedimentos incoerentes com essa constatação.

Evidentemente, toda generalização é perigosa e injusta. Em muitas empresas, a área e a função de RH são vistas de forma mais importante, mas nem por isso ficam desobrigadas das mudanças que se apresentam como oportunas, necessárias e desafiantes.

Neste novo modelo, propomos que as responsabilidades hoje atreladas aos departamentos de Recursos Humanos, como Recrutamento e Seleção, Departamento Pessoal, Restaurante, Treinamento, Serviço Social, Cargos e Salários, Relações Trabalhistas e Sindicais e muitas outras sejam reformuladas de forma profunda, pontual e particular.

Em cada uma dessas e outras atividades atuais de RH precisamos identificar o que é essencialmente papel gerencial e atribuí-lo como responsabilidade própria e natural de cada "gerente". A parte "braçal", por assim dizer, ou operacional em cada uma das atividades mencionadas no parágrafo anterior, como colocar anúncio em jornal, anotar carteira de trabalho, comprar vale refeição, montar sala de aula ou identificar consultores, pesquisar salários no mercado, representar a empresa em audiências trabalhistas, fixar cartazes, etc. poderá ser atendida pela empresa conforme as seguintes ações e atitudes:

1- Redistribuir e ou redirecionar essas atividades para outras áreas funcionais já existentes, cujas atividades apresentem sinergias, processos, características, conhecimentos, habilidades e meios parecidos. Por exemplo, o Departamento Contábil pode responder pela elaboração da folha de pagamento, e assim, sucessivamente, outras áreas podem assumir outras atividades.
2- Terceirizar com empresas especializadas, que naturalmente surgirão a partir desse novo ambiente, preferencialmente as que tenham espírito de comprometimento e conduta de parceiros e desenvolvam projetos personalizados para cada um de seus clientes. Temos aí, inclusive, ótimas oportunidades de empreendimentos para carreira solo para muitos dos atuais profissionais de RH.
3- Realizar os serviços braçais restantes e específicos das atuais áreas de RH de forma parcial, total ou complementar, por meio de uma nova área, que inicialmente denominaremos "Departamento de Suporte e Apoio para Gestão de Pessoas" (a nova sigla surgirá, criativa e inevitavelmente), com responsabilidades e finalidades específicas e restritas de apoio "braçal" aos "gerentes" da empresa. Uma área enxuta e acentuadamente informatizada, que tenha foco e conduta de efetivo e competente prestador de serviços, embora internamente, para seus "gerentes".

Como não foi nada fácil introduzir as profundas mudanças que as empresas promoveram em seus departamentos de Controle de Qualidade, já há mais de 25 anos, mexer na área, na função e na atuação de RH também não será uma tarefa fácil para ninguém.

Certamente será um grande desafio para todos nós, a começar pelo próprio Gerente de Recursos Humanos, que deve, inteligentemente, tomar a iniciativa desta proposta, para não ser atropelado por outras iniciativas, credenciando-se como mediador na fase transição.

Em algumas organizações que foram certificadas ou estão em processos de certificação para atender às normas ISO, infelizmente quase sempre mais por razões mercadológicas do que por razões óbvias e ou filosóficas, já há uma velada disputa de poder entre as áreas de Recursos Humanos e as áreas de qualidade sobre qual delas "comandaria" as alterações e implantações dos procedimentos exigidos pelas normas certificadores.

Percebe-se com clareza uma inversão nos papéis atuais. Ao invés de a área de recursos humanos propor mudanças, alterações e implantações de sistemas, ferramentas, políticas e instrumentos para suportarem as necessidades normativas, elas são pressionadas e muitas vezes obrigadas pelas áreas de qualidade a se adequarem às exigências normativas nos quesitos relacionados à gestão de pessoas.

As resistências surgirão naturalmente dentro e fora da empresa. Esperamos que não entre as entidades de classe e associações que representam o segmento institucional de RH, cujo papel no novo contexto será de extraordinária relevância e extremamente ampliado, já que se multiplicarão os "Gerentes de Recursos Humanos" dentro das organizações. Dentro das empresas, as resistências virão, inclusive de muitos profissionais de RH e de uma grande parte dos "gerentes". Em especial daqueles que não acreditam que resultados se obtêm por meio de pessoas e não querem ou não têm competência e perfil para o novo, mais nobre e esperado papel gerencial. Acreditamos que a real diferença competitiva está, em última análise, nas pessoas que atuam nas empresas, não importando o porte, a situação financeira ou a capacidade tecnológica delas. As responsabilidades em RH precisam ser divididas, atribuídas e compartilhadas entre todos os gerentes que lidam diretamente com pessoas dentro das organizações.

Nós, profissionais de RH, devemos atuar de forma pró-ativa na introdução e na proposta dessas mudanças, de maneira descomprometida e altruísta e com certa dose de autoimolação. Agindo assim, não seremos considerados profissionais em extinção ou jurássicos. Muito menos poetas e sonhadores, mas um importante elo estratégico antes, durante e depois de consolidadas ou iniciadas as profundas mudanças que se fazem necessárias.

Paulo Pereira

Administrador de empresas. Atuou em importantes empresas dos segmentos financeiro e metalúrgico (Corporação Bonfiglioli e Semco S.A.), nas áreas de cargos e salários, relações trabalhistas e sindicais, gestão participativa e recrutamento e seleção de pessoal. Diretor proprietário da Eventos RH, , proferiu inúmeras palestras em empresas e faculdades, entre elas a USP e a Getúlio Vargas. Escreveu artigos publicados em grandes jornais e revistas, como Revista Exame, O Estado de S.Paulo, Folha de S.Paulo. É autor de três livros, "Enfrentando o Mercado de Trabalho" (1997), "Gerenciamento de Recursos Humanos" (1999), em parceria com o autor americano do bestselling "Business Planning Guide", David H. Bangs Jr., e "Profissionais & Empresas, os dois lados de uma mesma moeda no mercado de trabalho", em 2004, todos eles lançados pela Editora Nobel-SP.

Site: www.eventosrh.com.br

E-mail: pp@eventosrh.com.br

Telefone: (16) 3515-5400

Anotações

22

Motivação

Conjunto de forças essenciais para a gestão de pessoas

Motivação é um estado de espírito basicamente individual, que pode e deve ser estimulado por chefias, diretorias e outros níveis hierárquicos nas corporações e em qualquer ambiente de trabalho. Quando estimulada com foco na valorização das pessoas, a motivação gera resultados muito acima da média e até surpreendentes para as equipes e as empresas

Pedro Carlos de Carvalho

Atualmente existem muitas discussões, comentários e ideias sobre a realidade que envolve o vínculo empregatício e as relações entre o superior hierárquico e o subordinado.

Acredita-se que todos devem estar atentos a essa questão, dando a sua colaboração, apresentando sugestões e contribuições para a melhoria das relações de trabalho, do clima organizacional e, sem dúvida, do nível de motivação dos indivíduos.

A partir de 1927, o cientista social australiano George Elton Mayo, da Harvard University School of Business Administration, desenvolveu a experiência de Hawthorne, na Western Electric Company, em Chicago (Estados Unidos), que resultou na Teoria das Relações Humanas e possibilitou a definição de fatores necessários à motivação das pessoas:

- ✔ Tratar a organização como um grupo de pessoas.
- ✔ Enfatizar as pessoas.
- ✔ Inspirar-se em sistemas de psicologia.
- ✔ Instituir a delegação de autoridade.
- ✔ Manifestar confiança e melhorar o relacionamento.
- ✔ Dar ênfase às relações humanas entre as pessoas.
- ✔ Transmitir confiança nas pessoas.
- ✔ Promover a dinâmica grupal e interpessoal.

Agora, em pleno século XXI, a motivação continua sendo analisada e vista como um conjunto de forças essenciais para a gestão de pessoas. Mas, afinal, o que é motivação?

Ela representa um conjunto de forças suficientes para levar o indivíduo a realizar ações e buscar objetivos para satisfazer suas necessidades e executar trabalhos.

Significa também o processo pelo qual se induz uma pessoa a proceder de certa forma e a comportar-se de acordo com determinado padrão de conduta.

É possível ainda definir Motivação como sendo o meio pelo qual o superior hierárquico cria e mantém em seu grupo e nos indivíduos o desejo de alcançar os objetivos planejados.

Quando o indivíduo sentir falta de motivação no trabalho, ele deve refletir e descobrir o que está faltando e o está impedindo de alcançar a satisfação profissional.

O trabalho será sempre motivador quando fizer parte do indivíduo, mas nunca provocará motivação quando for visto como uma obrigação para se evitar punição ou obter recompensa.

Assim, Motivação pode ser provocada de duas maneiras fundamentais:

1 – A primeira, quando apenas é ordenado a um indivíduo ou grupo que exerça certa função ou execute determinada tarefa.

2 – Na segunda, pode-se criar uma situação tal que o que deve ser feito é o natural, o que está de acordo com o desejo genuíno do indivíduo ou do grupo.

No primeiro caso ela é denominada **motivação impositiva** e no segundo, **motivação participativa.**

Aquela primeira ação se dá sob ordens e na segunda, para atender a um desejo próprio.

Quando se pensa em motivação, imediatamente o pensamento é transportado para questões que envolvem o comportamento humano no trabalho e a segurança do indivíduo.

Todos esperam sentir uma sensação de importância pessoal, sendo reconhecidos e tratados de forma correta, sem discriminação e com sua valorização pelos trabalhos desenvolvidos e resultados alcançados.

Vale a pena ressaltar a importância e a validade da prática do *feedback*. Sua imprescindibilidade dentro dos processos motivacionais é de uma verdade absoluta. Isso funciona perfeitamente, ligando o profissional ao seu superior hierárquico e a seus compromissos organizacionais, por meio do recebimento de informações sobre o seu desempenho, bem como sobre informações gerais acerca da empresa em que atua.

O superior imediato deve oferecer e praticar um tratamento justo com todos os seus subordinados, provocando euforia, espírito de equipe, união e comprometimento.

Ainda abordando questões relacionadas sobre o comportamento humano no trabalho, mister se torna comentar sobre a percepção do profissional e a sua segurança como membro de um grupo de trabalho.

O que esse profissional espera?

Que todos os seus colegas transmitam respeito e que ele possa se sentir integrado, recebendo ajuda e colaborando quando for solicitado, possibilitando ao profissional a sensação de importância no seu grupo de trabalho.

Outro ponto a ser considerado é a confiança no líder. Que todos possam se espelhar no seu superior hierárquico, trabalhando e atendendo às suas solicitações, pois ele deve transmitir confiabilidade e inspiração a todos com quem trabalha.

Também é imprescindível comentar sobre o elogio. Palavra tão pequena, mas que tem profundidade e impacta decisivamente na motivação das pessoas. O elogio bem feito contribui para o aumento do nível de satisfação e valorização dos profissionais.

Que haja a evidência do respeito pela dignidade humana, com práticas claras sobre a ética e a moral nas relações que envolvem o superior hierárquico e o subordinado, assim como na empresa em que se trabalha.

Quando se abordam questões relevantes sobre a motivação, também é necessário enfatizar a importância dos incentivos. Não se deve pensar unicamente no fator remuneratório, deveras importante, mas também lembrar de:

- ✔ Plano de Benefícios.
- ✔ Clube Recreativo.
- ✔ Ambiente de Trabalho.
- ✔ Serviços de Alimentação.
- ✔ Programas de Treinamento e Desenvolvimento de Pessoal.
- ✔ Promoções.
- ✔ Participação em eventos da Empresa.
- ✔ Serviços de Transportes.
- ✔ Uniformes.
- ✔ EPI´s (Equipamentos de Proteção Individual).
- ✔ Serviço Médico, etc.

O profissional que demonstra desmotivação transmite múltiplos comportamentos inadequados no ambiente organizacional, a saber:

- ✔ Mostra-se desajustado com tudo e com todos.
- ✔ Apresenta, lamentavelmente, baixa produtividade e qualidade.
- ✔ Demonstra muita inquietação e indisciplina.
- ✔ Provoca inúmeros atritos pessoais.
- ✔ Tem excesso de falhas.

Por outro lado, quando o indivíduo se apresenta motivado e preparado para os desafios organizacionais, facilmente poderá ser detectado em seu comportamento no trabalho:

- ✔ Está devidamente ajustado ao seu ambiente profissional.
- ✔ Mantém boas relações com seus colegas e com o seu superior hierárquico.
- ✔ Demonstra doses elevadas de lealdade com sua equipe e com sua

empresa.
- Apresenta enorme satisfação no que faz. Tem efetivamente amor ao trabalho.

Por todas essas premissas abordadas, é muito significativo analisar e refletir sobre os fatores que levam à satisfação e à motivação:

- **Estabilidade no emprego**: vital e essencial para que os indivíduos possam se dedicar e desenvolver suas atividades profissionais sem receio ou preocupação com o desemprego.
- **Oportunidade**: que todos possam ter a possibilidade de apresentar suas ideias e sugestões e ser lembrados para programas de treinamento, eventos e promoções de cargos na empresa;
- **Treinamento adequado**: que a inclusão do indivíduo nos programas de treinamento da empresa seja coerente com as suas necessidades profissionais ou para os novos desafios organizacionais.
- **Informações sobre o seu progresso no trabalho**: é a manifestação e a prática do feedback, a todos, indistintamente, visando, de forma inequívoca, o alinhamento dos profissionais aos objetivos pessoais e empresariais.
- **Conhecimento prévio de modificações que lhe digam respeito**: a expectativa que todos possam ser informados antecipadamente acerca de alterações organizacionais que possam lhes afetar ou envolver.
- **Reconhecimento do esforço apresentado:** mediante elogios, promoções.
- **Que haja bom nível de relacionamento**: com os colegas, níveis hierárquicos, fornecedores, clientes, etc.

A motivação é, dessa forma, o processo, a alternativa, a ferramenta que impulsiona o indivíduo para a ação, considerando a sua relação como o ambiente, a necessidade e o objeto de satisfação.

Concluindo, é possível enfatizar que a Motivação pode conduzir os indivíduos à satisfação no trabalho, possibilitando a criação de um bom ambiente, com pleno aproveitamento da capacidade humana, cada vez mais envolvida, dedicada e preparada para os constantes desafios e objetivos organizacionais.

Motivação depende do próprio indivíduo e, principalmente, de seu superior hierárquico e da direção da empresa.

Pedro Carlos de Carvalho

Mestre em Administração pela Unisal (Americana) e Graduação em Administração de Empresas pela Esan – Escola Superior de Administração de Negócios (São Paulo). Professor de Ensino Superior em cursos de Graduação, MBA e Pós-Graduação. Autor dos livros: *Empregabilidade – a competência necessária para o sucesso no novo milênio* (6ª. Edição); *Administração Mercadológica* (3ª Edição); *Recursos Humanos* (1ª Edição); *O Programa 5 S e a Qualidade Total* (4ª Edição) e *A trajetória do Sindicalismo* (1ª Edição) - Editora Alínea de Campinas. Palestrante em Seminários, Conferências, etc., promovidas pela Mission, ADPO, IBC, People RH, Felcom Comunicação, Mota Institucional, Universidades, Empresas, etc. Profissional de Recursos Humanos na Ericsson, Philco, Sony, Singer, Alcatel, Ferronorte e Colocar RH.

Site: www.pedro.pro.br

E-mail: pedrocarvalhorh@yahoo.com.br

Telefone: (19) 9601-2495

Anotações

23

Zona de conforto quebra qualquer negócio

O primeiro passo para o profissional saber aonde quer chegar é ter uma mapa em suas mãos para definir o que precisa fazer e como deve fazer para chegar lá. Quando prestamos atenção nas pessoas bem-sucedidas, certamente vamos encontrar alguns defeitos nelas, mas com certeza não encontraremos nenhuma falta de vontade delas para agir e caminhar em busca de seus objetivos

Prof. Dilson Almeida

Revolução humana

É o momento da revolução humana! A globalização chegou para ficar, independentemente de você aceitá-la ou não. O mundo mercadológico promoveu uma grande revolução tecnológica. Agora é o momento de promover essa revolução humana dentro das empresas. Não confunda mais (RH) como sigla de **R**ecursos **H**umanos. Daqui pra frente (RH) significa R-E-V-O-L-U-Ç-Ã-O H-U-M-A-N-A. O mercado mudou, mas em sua maioria as pessoas continuam as mesmas de sempre. Nessa nova era de crescimento é preciso estar em alerta sobre a aceitação do que o mercado está ditando. E uma coisa é certa: a nova onda do momento é saber surfar ou ser engolido. Ou você nada ou afunda, ou você busca evolução tecnológica ou será descartado como uma carta do baralho. Ignorar o fato de encarar o mundo digital é o mesmo que dirigir à noite com os faróis desligados.

O que quebra uma empresa?

Será que é falta de capital, de uma boa administração, de uma boa estrutura? Ou será a falta de líderes competentes? Em minha opinião, o que quebra uma empresa é a falta de "visionários" que consigam ver além do que já foi visto. É isso que faz um líder. Veja como é triste ter pessoas em cargos que não têm nada a ver com elas. Quer um exemplo: peça para um gerente de qualquer organização para marcar uma reunião no inicio da manhã. Sabe o que vai acontecer? Se a empresa tiver 50 colaboradores, com certeza irão aparecer 25. Se aparecerem. Esse fato ocorre em mais de 90% das empresas do país. Por que será? Vamos analisar, por meio de algumas sugestões:

- Ou porque o líder está sem moral perante a equipe;
- Ou falta comunicação eficaz da parte do líder;
- Ou a equipe não tem compromisso com o líder;
- Ou falta uma política empresarial que precisa ser entendida.

Em meu ponto de vista, falta tudo isso que acabamos de ver. Quero deixar um alerta às pessoas que estão em cargos que gerenciam outras pessoas. Em primeiro lugar, é preciso saber gerenciar sua própria vida para depois gerenciar a dos outros. Um líder, antes de qualquer coisa, é um exemplo de vida. Tem "líder" que diz para seus colaboradores que é preciso sorrir para os clientes quando entrarem na loja, mas você olha para esse "líder" e só consegue ver uma cara que acabou de chupar limão, de tão azedo que está. Aí eu me pergunto: que moral esse "líder" tem diante dos seus liderados? A única mensagem que deixa para os colaboradores é a de fechar a cara quando entrar esse tal de cliente, para ver se conseguimos correr com ele. Antes de qualquer coisa é preciso entender que o líder é o espelho que reflete em todos. E se você quer constatar esse fato é só sair pelas empresas e perceber quando o atendimento é um show, porque pode apostar que o líder dessa empresa provavelmente é um show de ser humano, e como, diz o ditado, "a fruta não cai longe do pé".

Zona de conforto, o perigo das organizações

Zona de conforto quebra qualquer negócio. Eu sempre costumo dizer que alguns gestores contribuem para que a zona de conforto ganhe proporções preocupantes para as empresas.

O que podemos considerar como zona de conforto?

A chamada zona de conforto evidencia-se quando as metas corporativas deixam de ser atingidas pelas pessoas. Ocorre quando na comunicação entre colaboradores deixa de existir sintonia, para obter resultados positivos e, principalmente, quando o líder não tem planejamento estratégico definido.

Na prática, é mais ou menos assim: todos querem ter sucesso, mas ninguém quer pagar o preço, ou seja, "todos querem ir para o céu, mas ninguém quer morrer". Nesse mundo de que fazemos parte, ou você nada ou afunda. Não podemos mais aceitar a mediocridade. Esses sintomas apresentados caracterizam zona de conforto.

Traduzindo: não me importo com o que as pessoas dizem, mas como elas fazem.

Quais são os principais fatores que levam os profissionais a entrar na zona de conforto?

O que deixa o ser humano conformado com o que tem é a falta de um objetivo definido. Costumo dizer que para acordar um pássaro em uma mata basta o amanhecer chegar, mas para acordar uma pedra é preciso usar uma bomba. É assim que acontece com os profissionais que não dispõem de um plano de objetivo definido.

Quando um profissional sabe aonde quer chegar, o primeiro passo importante que deve ter em mãos é um mapa. Ou seja, o que é preciso fazer e como deve fazer para chegar lá, onde deseja. É só prestarmos atenção nas pessoas bem-sucedidas, pois encontramos nelas qualquer defeito possível, menos a vontade de caminhar diante de seus objetivos.

Que tipo de empresa pode estar na zona de conforto?

Na minha concepção, não são as empresas em si que entram na zona de conforto e sim as pessoas que fazem parte dessas organizações. Posso afirmar que estudos realizados dentro das organizações apontam que a principal causa que leva uma empresa a estacionar, a paralisar, é a falta de gestão eficaz.

Para podermos analisar esse fato com visão consciente, basta observar melhor as gestões que são aplicadas no Exército e na Marinha, por exemplo. Podemos, então, perceber porque nesses comandos não existem zonas de conforto. Simplesmente porque nessas instituições existem pessoas com nervos de aço para liderar em todos os sentidos e esses líderes, por sua vez, fazem as instituições chegarem ao topo. O que faz as pessoas se contaminarem pela zona de conforto é a falta de líderes competentes para fazer o que precisa ser feito.

Quais são os perigos que a zona de conforto oferece às organizações?

Simplesmente serem esquecidas e ultrapassadas pelos concorrentes. Na era em que vivemos, se você estiver conformado com o que tem, precisa ter cuidado. Existe aquele velho ditado que diz: "quem está correndo está andando, quem está andando está parado e quem está parado está morto". Nós, seres humanos, precisamos ser iguais à água corrente. Digo isso porque acho muito interessante a força que a água tem. Se pararmos e olharmos com atenção, podemos observar que não existem adversidades que façam o movimento da água parar. Disse em movimento, e não parada. Sabemos muito bem que atualmente a água parada pode virar até mesmo um berçário para o mosquito transmissor da dengue.

Com o ser humano não é diferente. É suficiente parar de acompanhar a evolução mercadológica para a pessoa ficar fadada a ser vítima dela. Quer um exemplo? Deixe um caminhão durante um ano parado. Quando você for acionar a chave na ignição, o combustível já terá evaporado, os pneus estarão esvaziados e o motor não vai pegar. Simplesmente porque está parado há muito tempo. Fazendo uma analogia, o mesmo acontece com o ser humano. Porque tudo o que foi feito neste universo físico precisa estar em constante movimento. Inclusive você.

Em relação ao profissional, que consequências a zona de conforto gera à carreira das pessoas?

O primeiro sintoma apresentado é a falta de ambição. Uma vida sem ambição fica igual a um chiclete que você masca, masca e depois perde o sabor. Por isso, a falta de "sabor" se torna um motivo gravíssimo e leva as pessoas a serem trocadas em seus postos de trabalho.

O brasileiro precisa acordar para o novo mundo que chegou. É tempo de revolução e só vai suportar essa pressão quem tiver equilíbrio emocional em todas as áreas de sua vida.

A permanência na zona de conforto está diretamente relacionada à resistência a mudanças?

Uma empresa chega e fica estagnada por não acreditar que os tempos não são mais os mesmos. O mercado mudou e está mudando cada vez mais, de forma espantosamente dinâmica. Quem esperar para ver o que acontecerá correrá sérios riscos de ver a empresa deixar de existir. É tempo de treinar, reciclar e aprimorar seus componentes se quiser que a sua empresa exista para este novo mercado.

Primeiramente, o que faz uma empresa ficar conformada com o que tem é a rotina de fazer somente o feijão com arroz. Por outro lado, não podemos também viver 100% sem rotina. Contudo, como encaramos o que acontece é que faz toda diferença para a quebra da rotina. Quero aqui deixar uma dica que vai tirar qualquer empresa da zona de conforto. Primeiro, procure uma entidade que possa oferecer os números das empresas que decretaram falência nos últimos cinco anos. Tenho certeza de que esses números tiram qualquer empresa de uma zona de conforto e quando você, presidente de uma organização, perceber que o nome da sua empresa não faz parte desta lista "ainda", ficará em estado de alerta. Quer incentivo maior do que esse para querer capacitar seus profissionais?

Como a área de RH pode combater a zona de conforto no dia a dia?

Criando um ambiente favorável para os profissionais como um programa de treinamento diferente do que as empresas geralmente costumam fazer no seu planejamento profissional como, por exemplo, os treinamentos fora do ambiente de trabalho. Outra ótima alternativa é promover cursos, seminários e palestras. Vale lembrar que é necessário realizar aqueles programas que envolvem todos os participantes, do presidente até a funcionária que serve o cafezinho, e mostrar que a empresa está, de fato, preocupada com o desenvolvimento de cada um. Nós, seres humanos, como um todo, somos carentes para reconhecer nossos papéis dentro de uma organização.

Sempre costumo dizer que a atuação do profissional de RH é uma das mais importantes dentro de uma organização. Grande parte das empresas que passam pela situação da zona de conforto fizeram contratações erradas, equivocadas, ou porque a pessoa contratada está exercendo função com a qual não se identifica ou porque é incompatível com seu perfil profissional.

Neste momento de revolução humana, o que o executivo tem que aprender é a contratar a pessoa certa para a posição certa. Numa analogia com o futebol, gandula não serve para jogar de goleiro.

É importante saber que em um processo de contratação é preciso deixar claro para o contratado os pontos negociáveis e os não-negociáveis, ou seja, mostrar passo a passo a política da empresa. Uma organização não pode se adaptar aos profissionais. São os profissionais do RH que precisam se adaptar à realidade organizacional.

Qual é a importância da participação ativa dos gestores diante do combate à zona de conforto?

A importância está nos resultados. É muito simples identificar se em uma empresa existem gestores capacitados ou não. É só observar como é feito o atendimento. Se você tiver um atendimento inadequado, pode constatar que o gestor dessa organização tem tudo para ser displicente. Mas se você tiver um atendimento excelente, pode reparar que provavelmente essa organização tem um ótimo gestor. Uma árvore não poderá dar bons frutos se não tiver uma boa raiz. Daí a importância de uma gestão participativa.

Prof. Dilson Almeida

É mais que um conferencista e consultor de treinamento motivacional. Ele leva mensagem de avivamento a quem espera um ano para "recarregar as baterias da fé e da coragem". Reconhecido pelos participantes de suas palestras e seminários como um dos melhores "transformadores de pessoas", por seu profundo conhecimento das novas leis que modelam o ser humano para a batalha espiritual e emocional. O foco das suas palestras encanta pelo conteúdo simples, prático e forte, quando se trata de levantar o astral das pessoas, mostrando a cada participante que quando se fala do novo é preciso compreender e viver o novo e não apenas falar do novo, por achar bonito. Dilson se diferencia pelas mudanças de suas apresentações, diante das pessoas que o assistem. Seu jeito simples de falar é uma excelente colaboração para que as pessoas entendam e compreendam sua mensagem. Seu estilo de comunicação vibrante, enérgico e emocionalmente inspirador torna suas apresentações um verdadeiro show!

Site: www.grupoda.com.br

E-mail: grupoda@grupoda.com.br

Anotações

199

24

Inovação em RH
Teatro Treinamento
Experiências além da imaginação

Teatro pode e deve ser utilizado para definir com gestos, ideias, comunicação corporal e enredo os valores que devem e precisam ser cultivados nas empresas

Reinaldo Rizk

Todos nós sabemos que inúmeras criações, inovações e invenções aconteceram por acaso. O nome mais famoso desses criadores, inovadores e inventores foi Thomas Alva Edison, inventor da lâmpada, do fonógrafo e de outras 1.901 patentes. Existe até um livro chamado "Serendipidade descobertas casuais na Ciência", de Royston Roberts, de1989, que aborda exclusivamente sobre estas invenções por acaso.

Não tenho a menor intenção de me comparar aos gênios, mas apenas de me situar entre eles na minha experiência no campo do Teatro Treinamento.

Quando resolvi ajudar minha esposa a montar seu primeiro espetáculo infantil, já que até aquele momento ela participava de peças teatrais num grupo de atores sem fins lucrativos, nem poderia imaginar a trajetória que a vida me reservava.

De engenheiro civil praticante por 12 anos ao Teatro Infantil e à descoberta em apenas seis meses de que meu negócio não era fazer teatro infantil. Dividir meu tempo de engenheiro numa atividade lotada de concorrentes mais bem preparados era por demais estafante.

Mas a vida sempre dá sinais, independentemente se você os quer ou não, se percebe ou não. É aquela história de que os fatos são sempre amigos, pois se estão acontecendo é porque fazem parte da sua experiência. Se não o fizessem, não aconteceriam. Já frustrado com o resultado da atividade da peça teatral infantil que tínhamos, acabei recebendo da vida o presente de um prejuízo financeiro e uma discussão que tive com a administradora do Teatro, no qual fazíamos uma temporada de final de semana e que me fez sentir muito humilhado e me levou a um acesso de raiva. Com o dedo em riste, disse a ela: "você ainda vai ouvir falar da Toque de Areia". Eu não sabia o que estava falando, mas senti algo naquele momento.

Este foi o estopim para que eu parasse para pensar em mudar. A palavra de ordem era **inovação**. Se eu não poderia competir de igual para igual com a atividade teatro convencional e gostaria de seguir com a atividade teatro, necessitaria inovar, fazer diferente, recriar. Assim nasceu o Teatro Treinamento, de forma estruturada em agosto de 1994, e assim renascia a Toque de Areia um ano após o teatro infantil, com a estreia da peça "Acertar é Humano – a aventura dos caçadores de defeitos", sobre qualidade total.

Começamos inovando na forma de apresentar e estrear o Teatro no Universo Corporativo. Locamos um belo teatro e convidamos o público empresarial, porém promovendo um debate no final da peça. Para tanto, convidamos profissionais qualificados que nos ajudassem a dar o peso da seriedade que o evento merecia para os nossos propósitos.

Foi um sucesso. Duas sessões no mesmo dia e lotadas, com aproximadamente 700 pessoas, e ainda a primeira entrevista na televisão para um telejornal anunciando a novidade.

Nascia o Teatro Treinamento, de forma estruturada. Não apenas o teatro no chão de fábrica, desprestigiado e apenas para os operários das grandes indústrias. Agora era a hora de o Teatro servir como ferramenta de treinamento para todos da organização, como um recurso respeitado.

Sabia que teria muito a trilhar para quebrar a imagem genérica e distorcida de que atores são um elenco e não um bando de pessoas. Três semanas depois da estreia, em setembro de 1994, fizemos nossa primeira apresentação in company em Arujá, na Metalúrgica Caterina. Mas desafio mesmo enfrentamos dois meses depois, com o ex-Banco Bamerindus, atual HSBC. O evento aconteceria no Auditório do Centro de Convenções do Anhembi-SP para 2.800 pessoas e a peça seria o evento principal.

Os conceitos da peça estavam de acordo com a busca de qualidade que o Banco almejava, mas eles queriam mais adequações em funções de procedimentos específicos. Além de acréscimos de texto, fomos a Curitiba gravar algumas cenas em vídeo junto com dois diretores que participariam da peça dessa forma e ainda interagindo com os atores em vídeo e também casado com a peça. Como a peça era uma comédia musical e o palco do Anhembi gigantesco, aumentamos os dançarinos e recriamos as coreografias.

Este evento se repetiu para 2.400 pessoas para as agências do Paraná, em Curitiba e para quase 2000 pessoas em todas as agências do interior de São Paulo, em São José do Rio Preto.

Do dia 23 de agosto de 1994, data da estreia, até o final do ano, realizamos 18 apresentações da referida peça, inclusive para o Ministério da Fazenda, em São Paulo e em Brasília, e com certeza podíamos dizer que o Teatro definitivamente nascia como um recurso de treinamento.

O Teatro cria um fato novo e, portanto, quebra a rotina e com isso oferece a capacidade maior de retenção de conteúdo no campo da sensibilização e conscientização. Necessita de um bom texto, boa história e ótimos atores e um excelente atendimento ao cliente.

O Teatro Treinamento não foi feito para se dar risada, mas sabemos que a informação com o tom de humor adequado chega de forma melhor e mais agradável. E esta sempre foi a marca de nossos trabalhos.

Ficamos muito felizes de fazer parte da história do treinamento no Brasil. Mais de 2.500 apresentações teatrais nos eventos corporativos. Com certeza pouquíssimas pessoas conhecem nossa experiência íntima e nem imaginam o alcance e a contribuição desta inovação realizada para mais de 500.000 pessoas no Brasil. Eis alguns marcantes:

- Eventos abertos em Teatros por cidades do Rio Grande do Sul e Santa Catarina por seis anos seguidos, entre 1996 e 2001. Eram excursões de 2ª a 6ª, cada dia numa cidade. Inédito. Nunca uma peça teatral focada em treinamento lotava os teatros de mais de 40 cidades diferentes. A peça teatral era a única atividade do evento de treinamento para públicos entre 600 e 1.200 pessoas de centenas de empresas. Era o Senac em parceria com um consultor que realizava o evento, levando a peça "Apertem os cintos, o cliente sumiu!" sobre atendimento ao cliente. Takeci Nonose, diretor do Senac, enviou alguns depoimentos do público: *"a empresa se enxergou na peça"," maravilhosa, nem vi o tempo passar"," criativo, dinâmico e realista com as situações do dia a dia. Muito legal"*
- Fomos convidados a fazer algumas aberturas de importantes Congressos de Recursos Humanos na década de 90, com peças com temas sobre qualidade, atendimento, qualidade de vida, inteligência emocional, como Congressos da ABRH de Brasília, Belo Horizonte, São Paulo, Recife, a abertura do Congresso Interamericano de Treinamento, promovido pela ABTD, e a participação do Congresso Mundial de T&D em Porto Alegre, em 2001.
- Após uma apresentação para os Correios em Brasília, assim disse o ex-ministro Alexi Stephanenko e diretor comercial da empresa: "Foi excelente. Em pouco tempo se aprende de forma agradável e jocosa o conceito de Qualidade Total, pois não é a Qualidade somente aplicada ao trabalho, é na nossa relação com os entes queridos, com os companheiros, com a vida. A participação do público foi total e proponho que seja extensiva a todos os 79.000 funcionários. O interessante da peça é que ela pode comunicar não só aos técnicos mais sofisticados quanto ao pessoal mais simples. Esta forma de comunicar conceitos tem uma validade bem mais interessante do que horas e horas de cansativas aulas dentro de uma sala, que tem certa resistência por lembrar o período escolar. O elenco é muito competente, a coreografia é muito inteligente, com um bom texto, e encontra saídas fáceis de comunicação com um ritmo que envolve. O pessoal é treinado e nem percebe. Parabéns!" Pouco tempo depois realizamos uma peça de qualidade de vida para funcionários de todas as capitais do Brasil, em 1997.
- O Grupo Brasmotor realizava grande campanha para sensibilizar todos os colaboradores sobre a importância de todos trabalharem conectados no consumidor, cujo nome dado foi "Foco no Consumidor". Criamos um espetáculo teatral sob medida na estrutura do Você Decide, onde se

apresentam casos reais de conflitos entre a empresa e o consumidor, cujo final o público decide em votação eletrônica. A peça foi vista por 17.000 funcionários da empresa em 59 apresentações, entre 1997 e 1998.

- Uma consultoria alemã detectou os valores Bosch em todo o mundo e solicitou a disseminação no Brasil. O Teatro foi a metodologia escolhida e os sete valores foram conectados a sete áreas diferentes, com histórias reais adaptadas. Em 2003, a peça foi vista por 9.000 funcionários, em 76 apresentações.
- Outros imensos desafios tivemos com temas diferentes e ousados, mas o Teatro mostra sua amplitude, sua força e capacidade de comunicação. Para o Santander, criamos uma peça sobre "*o mercado de ações*", para detalhar o entendimento e a melhor forma de trabalhar. Para a Zoomp criamos sobre "*o dia da mentira*" uma peça que simulou uma mentira para acabar com boatos reais na empresa, realizada no dia da mentira, em 1º de abril de 2002. Carlos Miotto assim resumiu nossa participação:" *São notáveis a pontualidade, a competência e responsabilidade da equipe. Nós, assim como a Toque de Areia, primamos pela excelência no trabalho.*"
- O Teatro bem feito oferece depoimentos fortes, como o do Paulo Neves, Tenente Coronel e Gerente de Qualidade da Imbel, Indústria de Material Bélico, quando realizamos a peça de qualidade em 1995, em Piquete-SP: "Foram 60 minutos agradáveis, os quais valeram mais que 40 horas de treinamento, pois os conceitos de qualidade foram inoculados com perfeição, grande senso de humor e alegria".

Isso é o "Teatro Treinamento". Mas não tinha este nome até criarmos esta expressão em 1995, por meio de vários anúncios em revistas e jornais, principalmente no caderno de empregos da Folha de S.Paulo, com expressões como: "Você já pensou Big Hoje? O Teatro Treinamento da Toque de Areia dá o Big Toque..." aproveitando a campanha da época da Folha com a expressão "Big". Hoje o nome faz parte do guia de RH e de uso comum no meio.

Inovamos e fomos reconhecidos com o Prêmio Top of Mind para fornecedores de RH, como a empresa mais lembrada espontaneamente no Brasil na categoria Recursos para Treinamento, em 2005.

Minha homenagem aos cocriadores Alberto Centurião e Eliane Rizk.

Teatro Treinamento, uma maneira diferente de treinar.

Reinaldo Rizk

Sócio-fundador da Toque de Areia, empresa especializada em Teatro Treinamento, fundada em 1993. Produziu mais de 200 espetáculos, com os principais temas empresariais para os mais importantes eventos de treinamento, para mais de 1.200 empresas, levando a Toque de Areia a ser uma empresa premiada com o Top of Mind em Recursos para Treinamento em 2005 pela Fênix Editora, e empresa destaque como Fornecedora de Confiança em 2009 pela Editora Segmento. Engenheiro civil, pós-graduado em psicossomática e máster practitioner em PNL. Palestrante e estudioso da Lei da Atração, desenvolveu palestra sobre o tema. Atuou como gerente de RH do Grupo Pão de Açúcar em 1989. Coautor dos livros "Ser + Líder" e "Ser + em Vendas" – editora Ser Mais, 2010.

Site: www.toquedeareia.com.br

E-mail: rizk@toquedeareia.com.br

Telefone: (11) 5063-2929

Anotações

25

Criatividade & Inovação:
Uma questão de sobrevivência no mundo corporativo
O processo de coaching estimula a criatividade de líderes e liderados

Vivemos numa época em que a ética, o respeito pelas pessoas, a busca pela inovação e a criatividade são capazes de mudar pessoas e empresas, pavimentando o caminho para elas ficarem cada vez melhores, terem sucesso e serem vencedoras

Robson Martins

Nas duas últimas décadas tive a oportunidade de falar para os mais diversos tipos de público. De presidentes a trainees, de professores a alunos da graduação, de profissionais com mais de 30 anos de experiência a jovens recém-formados. Tenho observado que um dos grandes desafios que o ser humano está vivendo neste mundo competitivo são a capacidade e a habilidade de ser criativo e inovador.

Quando falo sobre criatividade e inovação não me refiro a criar coisas novas, produtos e tecnologia, pois neste sentido todos sabemos que estamos vivendo numa era farta! Digo no sentido de se desenvolver como pessoa! O avanço tecnológico está ao mesmo tempo aproximando e afastando as pessoas, e este é um paradoxo a que precisamos estar atentos para não cairmos nas ciladas do desenvolvimento. Veja alguns exemplos.

Ao mesmo tempo em que a internet com suas diversas facetas aproximou o mundo, facilitando o contato com pessoas distantes, de pais que têm seus filhos estudando no exterior, de famílias que não têm recursos para se encontrarem com frequência, que se comunicam por emails, facebook, orkut, twiter, etc., as empresas também passaram a promover reuniões, palestras e videoconferências para diversos países simultaneamente, recursos que não estavam disponíveis anteriormente. Esses avanços tornaram o mundo mais próximo, reduziram custos financeiros de muitas empresas e também geraram ganhos de tempo extraordinários e tantos outros benefícios que conhecemos.

Por outro lado, estes mesmos recursos, quando utilizados em excesso, têm gerado distanciamento entre as pessoas, tornando-as mais frias, de modo que profissionais que trabalham na mesma sala ou pessoas que moram numa mesma casa têm utilizado a tecnologia até para dizer "bom-dia"!

Há uma necessidade urgente de inovar! Os transtornos e consequências que estamos colhendo em tão pouco tempo de avanço tecnológico já pode ser sentido e contabilizado.

O diálogo familiar está se tornando cada vez mais escasso. As causas disso são as mais diversas. Filhos impacientes não entendem que a tecnologia que hoje utilizam com muita facilidade não é digerida com a mesma velocidade por seus pais, avós etc. Por outro lado, os pais que se envolvem demasiadamente com as atividades profissionais estão cada vez mais comprometidos com tarefas do trabalho e as levam para concluir em casa, descartando o pouco tempo que teriam para dialogar com seus filhos. Agora, o que a sociedade está fazendo para amenizar esses problemas? Os pais compram brinquedos tecnológicos para manterem seus filhos ocupados diante de um computador, Playstation ou outros equipamentos ainda mais modernos.

Os resultados desses comportamentos ao longo do desenvolvimento de uma criança serão notados quando eles estiverem disponíveis para o mercado de trabalho. Estes jovens não desenvolverão um diálogo durante sua infância e adolescência, seus vocabulários ficaram resumidos a códigos que só eles mesmos são capazes de decifrar, deixaram de exercitar a habilidade de comunicação redigindo um português correto e coerente. Eles tiveram disponível durante seu crescimento muita informação, mas pouco conhecimento. Os trabalhos escolares que antes eram incentivados para desenvolver a criatividade foram substituídos por uma busca no Google apertando a tecla copiar e colar, bastando apenas imprimir, sem que fosse exigido conhecimento sobre aquela informação. Quem é o culpado por tudo isso?

Não estamos aqui para descobrir o culpado, mas para sermos criativos e inovadores, não é? Para exercitarmos isso, bastam duas palavras mágicas: boa vontade!

Uma vez li em um dos livros de Dale Carnegie que ninguém é capaz de fazer com que alguém faça alguma coisa, se essa pessoa realmente não quiser fazer. Até é possível que isso aconteça em algumas circunstâncias. Por exemplo, a pressão de um chefe sobre um colaborador pode fazê-lo executar uma atividade. Mas o colaborador não dará continuidade a ela depois que essa pressão cessar. Sob a arma de um revólver, naturalmente entregamos nossos bens. O que quero dizer é que é preciso fazer as mudanças voluntariamente, de boa vontade!

Você e eu somos responsáveis pelas nossas atitudes e comportamentos. Se analisarmos criteriosamente o significado de uma herança que todo ser humano herdou de Deus, o livre arbítrio, nós seríamos mais responsáveis. Escolher mudar não é uma atitude simples, mas possível. Não estou dizendo que um novo comportamento é adquirido da noite para o dia. Mudanças geram transtornos para alguns princípios, mas quando o objetivo é bem definido elas valem a pena! Informamos no processo de coaching como as pessoas se "movimentam"! É sabido que uns são motivados pela dor e outros pelo prazer. Somos diferentes por natureza. Reconhecendo o que nos motiva, somos capazes de gerar novos comportamentos em busca de aumento significante do desempenho humano! O que realmente queremos para essa geração? O que esperamos de nossos pais, filhos, colaboradores, chefes, esposo, esposa, enfim, das pessoas que estão próximas a nós? O que estamos fazendo para obter isso? De quem é a responsabilidade da mudança? Será que não estamos nos sabotando, adiando mudanças de atitude que poderiam começar imediatamente?

Não aprendemos a elogiar e muito menos a criticar. Estamos elogiando e criticando pessoas, quando deveríamos estar atentos aos comportamentos. As escolas, universidades, cursos de pós-graduação ainda estão carentes de informações relacionadas a valores e crenças que envolvem o interior das pessoas. Dessa forma, frustram os resultados de seus investimentos.

Não estou generalizando, pois conheço pessoalmente muitas escolas, entidades e pessoas que estão dedicando suas vidas para conhecer profundamente o que está por trás da ciência do comportamento humano. Isso me inspira a cada dia.

A verdade é que a cada dia nos são dados gratuitamente 86.400 segundos, os quais jamais serão repostos. Eles são únicos e o uso que fazemos de cada um deles é o que desenhará o rumo de nossa história.

Não importa a mim nem a ninguém de que maneira você viveu até hoje! Quais foram seus comportamentos, as atitudes que você tomou diante das adversidades que a vida lhe apresentou. Como reagiu a uma ofensa, o que fez com a crítica que fizeram a você, se você cultiva em seu interior sentimentos de mágoa e rancor. O que importa é quanto você deseja mudar esse comportamento e quanto está comprometido a fazê-lo, a dar um ponto final às atitudes equivocadas que fizeram com que você não conseguisse alcançar seus objetivos de vida!

O que importa é quanto de energia e tempo você irá dedicar aos próximos segundos de sua vida para mudar, inovar, criar novas possibilidades! Se você desconhece as técnicas para isso, busque-as! Se tem desejo de aprender, exercite sua mente! Se agora, no momento da leitura deste capítulo, se sentir só, sem condições aparentes para tais mudanças, sem forças para levantar e começar uma nova vida, sem entusiasmo nem para sonhar um novo sonho, sem esperanças de que isso é possível, eu lhe afirmo e pretendo dizer isso para o seu próprio coração e mente: você não está só! Se você tem realmente esse desejo, inspire-se Naquele que o criou. Nele você poderá encontrar forças para iniciar essa mudança e inovar sua vida para gerar prosperidade, paz de espírito e conhecer definitivamente o significado da palavra sucesso!

O mundo está prestando muita atenção em tudo que está por fora do ser humano! Tudo é vaidade humana. Há mais de dois mil anos o sábio Salomão já nos deixava um belo exemplo em um de seus provérbios, dizendo: *"Tudo é vaidade!"*

Nós insistimos em ler grandes livros, de grandes autores, biografias que realmente nos encantam, histórias e mais histórias de sucesso. Sabemos que muitas delas nos inspiram de forma verdadeira a tomar decisões para mudanças. Entretanto, o livro mais lido no mundo está sendo cada vez mais criticado e deixado de lado, apesar de suas excelentes lições de moral, caráter e dignidade. Histórias verdadeiras de homens e mulheres que não se corromperam com os maus costumes. Nossas crianças estão crescendo sem princípios. Na Bíblia Sagrada, encontramos entre tantos versículos, um ensinamento básico: *"Se não somos capazes de respeitar a Deus, que dirá aos homens!"*

Esta não é simplesmente uma opinião pessoal deste que escreve este artigo. Olhe à sua volta e você mesmo irá concluir sobre a profundidade dessas palavras. Quantos casais hoje mantêm seus casamentos após 15, 20 anos? Quantos filhos crescem em lares estruturados, tornando-se homens e mulheres corajosos para enfrentar o "mundo" moderno? Cada vez menos... Cada vez menos. Isso é gritante!

É nossa responsabilidade acordar a tempo de uma catástrofe irreversível! Não é seu filho, seu vizinho ou sobrinho de cinco e seis anos que está lendo estas linhas neste instante. É você!

Escolha inovar, ser criativo,. Peça a sabedoria divina em seus novos comportamentos e atitudes. Tenho certeza absoluta de que se não tivermos a capacidade de construir um mundo melhor, um país, uma cidade ou um bairro, seremos ao menos capazes de influenciar positivamente uma família, uns amigos e entes queridos, ou, ainda, o mais importante, sermos autoinfluenciados para sermos pessoas melhores!

Eu acredito em você! Deus acredita em você! E você, acredita em você?

Um forte e fraterno abraço.

Robson Martins

Fundador do IFC – Instituto de Formação em Coaching, ministra treinamentos nas áreas de liderança, coaching, superação e comunicação corporativa. Tem MBA em Gestão de Negócios e Marketing em Saúde, é odontólogo, estudioso do comportamento humano há duas décadas, especialista em Relações Humanas e Apresentações Estratégicas de Alto Impacto pelo Instituto Dale Carnegie, USA. Consultor organizacional, palestrante, autor do livro "Uma Questão de Atitude" e coautor do livro "Ser + Líder", da editora Ser Mais, professor de universidades corporativas, entre elas a Ernst Young University, EYU. É master coach certificado pela Graduate School of Master Coaches do Behavioral Coaching Institute, BCI, credenciado pelo International Coaching Council, ICC, e trainer licenciado pela Sociedade Brasileira de Coaching, SBC. Tem Alpha Assessment Coaching Certification peal Worth Ethic Corporation, USA.

Site: www.robsonmartins.com.net, www.ifcoaching.com.br

E-mail: faleconosco@robsonmartins.net

Telefone: (19) 9796-0796

Anotações

26

Empregabilidade: desafios para os profissionais com mais de 40 anos de idade

O grande desafio para estes profissionais está muito mais no fato de comunicarem de forma eficaz as suas competências do que efetivamente dispor delas

Rudimar Ferreira

As organizações passam por grandes mudanças em termos de cultura, visões de mercado, conflitos internos e perspectivas para o médio e o longo prazo. Constantes, essas mudanças são produto da globalização, dos avanços na tecnologia, do downsizing e de outros fatores.

O mundo está mudando e as empresas estão mudando. A empregabilidade dos profissionais com mais de 40 anos de idade está sendo alvo de debates sob os mais variados ângulos. É comum essa discussão assumir tons emocionais e o senso coletivo é de que as oportunidades são escassas para este grupo de profissionais. Não que isso seja totalmente uma inverdade, mas acredito que a análise deva ser muito mais ampla. As observações empíricas, fazendo parte e trabalhando muito próximo a estes profissionais, leva-me a defender a tese de que o grande desafio é conseguirmos comunicar nossas competências de forma eficaz. Este, portanto, é um novo ângulo para a discussão.

Breve contextualização sobre o mercado de trabalho brasileiro

Até pouco tempo, as relações de trabalho eram caracterizadas por meio de contratos formais realizados entre "patrões" e "empregados", que normalmente se colocavam em pólos opostos (com interesses divergentes, quando não antagônicos). Os sindicatos tendiam a ser fortes e a defender os interesses dos seus associados. Quanto mais tempo o trabalhador ficasse em uma empresa, maiores eram suas chances de "fazer carreira" e menor a possibilidade de ser rompido o vínculo trabalhista. O perfil do trabalhador médio era constituído por indivíduos do sexo masculino, de baixa escolaridade, formado "no chão de fábrica", que trabalhava nas indústrias, diretamente nas linhas de produção.

Hoje a situação é totalmente diferente. O trabalhador da indústria já não é mais dominante, está mais escolarizado, compete com as trabalhadoras pelas vagas no mercado de trabalho, não tem a garantia do emprego para toda a vida, interessa-se menos pela associação junto aos sindicatos tradicionais, está submetido a pressões crescentes para aumentar sua produtividade, corre mais riscos de se ver desempregado, tem maior possibilidade de negociar seus rendimentos em função do valor que agrega à produção. De maneira geral, o segmento de prestação de serviços cresce a taxas significativas, gerando oportunidades para mudanças no perfil do mercado de trabalho.

Transformações no conteúdo do trabalho e nas formas de emprego

A adoção de novos modelos produtivos baseados nos princípios da produção enxuta[1] associada à difusão das novas tecnologias nos processos produtivos propiciou, por um lado, o aumento da produtividade no trabalho e, por outro, intensa substituição do trabalho vivo por trabalho acumulado nos sistemas e equipamentos. Ocasionou também forte deslocamento setorial do trabalho e do emprego, resultando no desaparecimento de postos de trabalho na indústria, ao mesmo tempo em que criou novas oportunidades ocupacionais, sobretudo no setor terciário.

Em relação ao conteúdo do trabalho, para aqueles trabalhadores que conseguem manter-se ativos no mercado espera-se cada vez menos que seu desempenho profissional seja pautado pelo cumprimento de tarefas prescritas (tal como ocorria nas organizações tayloristas[2]). Traduzindo, há um incentivo crescente para que os trabalhadores passem a intervir no processo, corrigindo erros, resolvendo problemas que se apresentam, negociando com colegas, superiores, fornecedores e clientes.

Para tanto, o perfil do novo trabalhador passa a exigir novas habilidades e competências, até então (quase que) relegadas a segundo plano e até mesmo negadas nas relações de trabalho anteriores. Acresce que a esses papéis se soma ainda a necessidade de lidar com as tecnologias de informação e de comunicação (presentes nos novos equipamentos e instrumentos), que demandam o domínio de códigos abstratos e novas linguagens.

Outras competências, como raciocínio lógico-abstrato, habilidades sociocomunicativas, responsabilidade, disposição para correr riscos e espírito de liderança, passaram a ser demandadas. A destreza em outras línguas (como inglês) e linguagens (como informática) estão se tornando pré-requisito para o ingresso e a manutenção em um mercado de trabalho estruturado. Há, ainda, forte apelo à aprendizagem "para o resto da vida". Desse modo, a educação é substituída pela educação permanente como estratégia de atualização e aquisição dos novos conhecimentos e desenvolvimento de competências.

---

1. O Sistema de Produção Enxuta (Sistema de Produção Toyota Produção ou Lean Manufacturing) surgiu no Japão, logo após a Segunda Guerra Mundial. Naquela época a indústria japonesa apresentava produtividade muito baixa e enorme falta de recursos, o que naturalmente a impedia de adotar o modelo da produção em massa.
2. Taylorismo ou Administração Científica é o modelo de administração desenvolvido pelo engenheiro estadunidense Frederick Winslow Taylor (1856-1915), que é considerado o pai da administração científica. Caracteriza-se pela ênfase nas tarefas, objetivando o aumento da eficiência ao nível operacional.

O profissional do novo mercado

Pelo que abordamos até aqui, fica claro que a qualificação profissional está cada vez mais voltada para a flexibilidade e resiliência das pessoas. As organizações não querem somente especialistas. Elas necessitam de profissionais generalistas, ou seja, que saibam de tudo um pouco, os quais possam efetivamente agregar valor à empresa.

E tem ocorrido um fenômeno interessante. Os profissionais estão parando de trabalhar cada vez mais tarde e estamos vendo cada vez mais pessoas de 40, 45, 50 anos dividindo as salas de espera da entrevista de emprego com os mais jovens, de 20, 25 anos. São gerações totalmente diferentes, denominadas por estudiosos de Geração X[3] e Geração Y[4], com diferentes formas de agir e de pensar. Este artigo não trata destas gerações, porém, nas notas de rodapé podem-se observar as sutis diferenças entre ambas.

A principal vantagem dos profissionais de 40 ou 50 anos sobre os mais jovens com certeza é a experiência, a maturidade com que tomam decisões, a capacidade de planejarem por conta do que já vivenciaram. Isso é algo que precisa ser desenvolvido continuamente.

Nossa experiência na JCS Network[5], trabalhando na recolocação de executivos, muitos com grande experiência, nos faz crer que é fundamental a esse profissional transmitir, de forma eficiente e eficaz, na hora das entrevistas de emprego, além da capacidade de entregar resultados, a condição de aprender com o novo. Ou seja, à primeira vista muitas vezes um profissional mais velho passa a impressão de falta de atualização e dinamismo. É preciso combater este estereótipo na entrevista de emprego, destacando sempre cursos e atualizações que tenha feito ou que esteja fazendo. Ninguém é sábio o bastante a ponto de não precisar aprender novos saberes.

E depois destas coisas simples, numa espécie de missão crítica e verdadeiramente crucial, ter absoluta certeza ao responder sobre a razão pela qual deve ser contratado. Refletir sobre as maiores realizações profissionais, os pontos fortes, a experiência profissional, as posições que alcançou ao longo da carreira profissional e o seu objetivo. Descobrir estas respostas com certeza colaborará em muito para o resultado positivo de qualquer processo de seleção, seja de que tipo ele for.

3. Geração X é um termo usado para descrever uma geração de pessoas que nasceram aproximadamente entre 1965 e 1981. A maioria nasceu depois da chegada do homem à Lua (1969), viu surgir o videocassete e o computador pessoal.
4. A Geração Y, também referida Geração da desenvolveu-se numa época de grandes avanços tecnológicos e prosperidade econômica. Acostumados a conseguirem o que querem não se sujeitam às tarefas subalternas de início de carreira e lutam por salários ambiciosos desde cedo.
5. http://www.jcsnetwork.com.br

Um caso, entre vários

Tenho acompanhado profissionais, estudado, conversado e participado ativamente de fóruns de discussão sobre o tema, principalmente pelo linkedin[6]. São momentos de grande reflexão. Numa destas sessões virtuais uma das pessoas que mais tem colaborado para agregar e reunir pessoas, Rosana Silas Gamba[7], de São Paulo, desafiou-nos com a seguinte argumentação:

"A empresa deve determinar com clareza qual o tipo e as qualificações de profissional que procura, bem como o peso dessa relação quanto ao custo-benefício, que determina inclusive o tempo do retorno, seja ele de pequeno a longo prazo. Estou com 40 anos, tenho maturidade e segurança pessoal e profissional que não tinha antes, jamais paro de aprender, me atualizar. A sabedoria que adquiro a cada dia (exatamente por estar em outro momento da vida) só beneficia minha pessoa e a quem eu prestar meus serviços. Querem falar de preço? Ok... Sim custo mais caro! Mas agora posso custar isso. Não pelos meus 40 anos, mas pela pessoa que o tempo me tornou. Pela humildade, senso crítico e pelo fator humano aguçado e bem equilibrado, que me abrem todas as portas do outro para que eu forme equipes vencedoras, empreendedoras, pró-ativas. Que fazem com que a minha visão seja atual, para hoje, mas que ainda surpreenda e dê resultados no futuro. Corre nas veias meu amor, vibração e força em tudo que faço. Esta sou eu, este é o meu jeito de ser líder. Delego e visualizo sempre. Minhas peças do tabuleiro devem sempre estar na posição certa. Detecto a que não está e tenho coerência em saber se devo apenas trocá-la de lugar para harmonizar a dança. Sensibilidade e razão me fazem entender e achar lindas as minhas marcas de expressão. Isso são alguns dos muitos presentes que ganhei do tempo. Será que as discussões e os debates que estão ocorrendo são mesmo a respeito dos profissionais a partir dos 40 anos? Onde está a nossa capacidade de ver? A época do "contrate um mais novo que custa menos" deixa agora sua herança. E a verdade é uma só: "Como contratar um profissional com 40 ou mais anos de idade que queira consertar "discretamente" o estrago deixado pelos "mais baratinhos" e ainda salvar a pele de muita gente?"

O que essa reflexão contempla? O que acontece no mundo corporativo? Particularmente, penso que essas são as grandes perguntas que permanecem no ar e nos estimulam a continuar em busca de respostas para poder ajudar de forma efetiva outros profissionais, outras pessoas.

6. http://www.linkedin.com
7. http://br.linkedin.com/in/rosilas

Conclusão

Se hoje alguns profissionais estão com idade acima de 40 anos, amanhã outros estarão. São dois grupos com realidades diferentes, expectativas diferentes, histórias diferentes. Distante do leitor, não sei se este artigo proporcionou reflexões positivas ou negativas, motivadoras ou desafiadoras. Espero ter proposto um novo olhar e um novo pensar sobre a empregabilidade e a orientação que posso apresentar. Ainda que não represente uma grande quebra de paradigma, pode ser uma pista para os que hoje são mais velhos ou ainda estão mais novos. Desenvolva a comunicação! Desenvolva-a para mostrar, demonstrar e comprovar que você pode ser, apesar de ter sido. E você aumentará suas chances de ser contratado.

Rudimar Ferreira

Bacharel em Administração de Empresas pela Fesp e MBA Gestão de Negócios pelo Ibmec. Participou do treinamento Family Business pela EBS/Ibmec. Está com 50 anos de idade, com mais de 30 de experiência profissional em funções executivas em empresas multinacionais como Embratel, Dalkia (Veolia/Accor) e Hit Communications nas áreas de Telecomunicações, Facilities Management e Energy Management. Trabalhou como Head Hunter na De Bernt Entschev Human Capital e atua como professor nos cursos de Administração de Empresas, Gestão de RH e Gestão Comercial nas Faculdades SPEI e nos cursos de Comércio Exterior, Logística e Secretariado, na PUC-PR. Desenvolve projetos de treinamento pela Venda Leal, consultoria em T&D para profissionais de vendas e é diretor da JCS Network, atendendo executivos em processos de transição de carreira. É coautor do livro Ser + em Vendas.

E-mail: rudimar@jcsnetwork.com.br

Site: www.jcsnetwork.com.br

Telefones: (41) 9105-0761 / 3023-9818

Anotações

225

27

Capital intelectual e sua importância para as organizações

Não é difícil para uma empresa copiar os produtos, os processos ou os equipamentos de um concorrente. Difícil é copiar o intelecto das pessoas e suas informações. Portanto, o conhecimento proporcionado pelos colaboradores deve ser incentivado e valorizado, pois constitui uma importante riqueza das organizações. Nesse contexto, a Administração de Recursos Humanos assume papel importante no desenvolvimento de estratégias que permitam conquistar, reter e motivar seus talentos e, principalmente, desenvolvê-los

Valtermário Rodrigues

Vivemos na era da informação e do conhecimento. Isso é fato e não há como mudar. No sistema capitalista perder tempo é deixar de ganhar dinheiro. Criar condições favoráveis à produção e direcionar-se em favor do tempo gera viabilidade econômica em todo o segmento das organizações.

Os grandes blocos econômicos, assim como as organizações, ditam e fazem a fluência do mercado, são visionárias e para que toda essa engrenagem funcione as pessoas com suas respectivas habilidades, competências, comportamento e consumo exercem papel extremamente importante.

A origem do Capital Intelectual surgiu com a Sociedade do Conhecimento, caracterizadas por uma série de mudanças e transformações.

Peter Drucker, o guru da administração, em seus trabalhos científicos analisou o poder da informação como originária de ações de sucesso, essenciais à criação e permanência das organizações no mercado. Quanto mais cedo obtivermos informações antecipadas, maiores serão as chances de criar, planejar, controlar, solucionar ou oportunizar o momento.

Stewart (1998), afirma que o Capital Intelectual constitui a matéria intelectual - conhecimento, informação, propriedade intelectual, experiência que pode ser utilizada para gerar riqueza.

O capital intelectual engloba conhecimentos adquiridos e acumulados de uma organização, ou seja, os conhecimentos acumulados de uma empresa no que se refere a pessoas, projetos, patentes, sistemas, metodologias e a interatividade do ativo humano para com a missão da empresa.

Um exemplo perfeito é uma empresa que investe em pesquisas e cria metodologias que diferem sua produção e promovem rendimento econômico e ambiental, mais valor e conceito a organização adquirirá. Outro exemplo: um gerente da área de recursos humanos, quanto mais treinado e qualificado; um processo industrial mais rápido, etc.

Crawford (1994) norteia que numa economia do conhecimento os recursos humanos e não o capital físico e financeiro constitui as vantagens competitivas das organizações e os gestores devem maximizar a preparação de trabalhadores altamente especializados.
Para Chiavenato (2004), Capital Intelectual é a soma de tudo o que você sabe. Em termos organizacionais, o maior patrimônio de uma organização é algo que entra e sai pelas suas portas todos os dias, ou seja, são os conhecimentos que as pessoas trazem em suas mentes – sejam sobre produtos, serviços, clientes, processos, técnicas, etc.

Pesquisas e análises de alguns estudiosos refletiam a máxima de que o conhecimento era algo intangível. Mas como poderia ser medido? É a realidade que podemos notar no crescimento das ações de algumas empresas que utilizam modelos para calcular seu patrimônio tangível e intangível.

Cálculos dos ativos corporativos

Algumas pesquisas foram realizadas para mensurar os ativos e os autores Edvinsson e Malone (1997) utilizaram uma equação mais compreensível, a saber:

Pressupõe-se que:

VALOR DE MERCADO = VALOR CONTÁBIL + CAPITAL INTELECTUAL

A equação mostra que o valor das ações tem uma porção tangível (valor contábil), além de uma componente intangível. Portanto, uma organização não tem seu valor calculado somente por estrutura física. Entretanto, a maior riqueza, o capital humano, não pertence à empresa, posto que seja a soma de habilidades dos colaboradores. O capital estrutural faz parte da empresa (capital de processo, capital de relacionamento e capital de inovação). Dessa forma, é calculado o valor de uma marca.

Ouve-se falar de competência como diferenciação e consequente vantagem competitiva para a organização. Surge, então, a diferença entre competência corporativa e competência humana.

A Competência Corporativa é um conjunto de ações e tecnologias essenciais de difícil imitação por parte dos concorrentes e necessárias para a execução dos objetivos estratégicos.

A competência humana são conhecimentos, habilidades e atitudes requeridos pelos diferentes níveis de gestão para atingir os objetivos específicos de cada função (comprometimento).

Uma pessoa competente tem conhecimento adquirido por experiências práticas e teóricas, habilidades imprescindíveis ao seu cargo ou função, como capacidade de síntese, visão sistêmica, raciocínio lógico e analítico e atitudes (comportamento). A ética nunca foi tão essencial nas relações profissionais quanto agora. As empresas esperam dos seus colaboradores respeito às suas normas e relacionamento cordial com todos, favorecendo o clima organizacional.

Gerir pessoas é administrar complexidades. O ser humano é o ativo que exige maior atenção por parte das organizações, é mutável, tem aspirações diversas, a interdependência do emocional e o físico.

O gestor de RH tem por obrigação analisar os cargos e suas respectivas funções para traçar o perfil adequado, norteando o recrutamento e a seleção.

Alguns exemplos e adjetivos diferem competência, habilidade e atitudes:

Competência
a) Noções técnicas
b) Experiência na área de atuação
c) Empreendedorismo
d) Técnicas de comunicação, vendas, informática, etc.

Habilidades
a) Liderar
b) Gerenciar conflito
c) Comunicação
d) Poder da oratória
e) Poder de síntese

Atitudes
a) Empatia
b) Bom- humor
c) Criatividade
d) Concentração
e) Boa memória, etc.

Gerir pessoas é maximizar os recursos das instituições, aderindo à missão e visão, respeitando e cumprindo metas.

Para as organizações, o Capital Intelectual é de extrema importância; uma riqueza tão crucial quanto o capital estrutural/financeiro.

O conhecimento proporcionado pelos funcionários, incentivado e valorizado pelas empresas constitui importante riqueza das corporações, motivo pelo qual as organizações devem investir em seus colaboradores com programas de incentivos e com isso reter talentos, para que estes contribuam para o sucesso de suas empresas e constituam uma vantagem competitiva diante dos concorrentes. Nesse contexto a Administração de Recursos Humanos assume papel importante no desenvolvimento de estratégias que permitam conquistar, reter e motivar seus talentos e desenvolvê-los.

No passado, a contabilidade tradicional preocupava-se exclusivamente com os ativos tangíveis. Atualmente, convive com um fenômeno inesperado: o valor de mercado das organizações depende não somente do seu valor patrimonial, mas principalmente do seu capital intelectual.

Na Era da Informação e com a valorização do conhecimento é possível copiar as máquinas e equipamentos, os produtos dos concorrentes, porém, é impossível copiar o intelecto e suas informações.

Diferentemente da Era Industrial, onde os operários eram vistos como simples máquinas, o filme "Tempos Modernos", de Charles Chaplin, retrata muito bem a ênfase na produção e focaliza o sistema de linha de montagem e especialização do trabalho. Chaplin desempenha o trabalho repetitivo de **apertar parafusos**. De tanto apertar parafusos, o rapaz tem problemas de stress e, estafado, perde a razão de tal forma que pensa que deve apertar tudo o que se parece com parafusos, como os botões de uma blusa, por exemplo.

A situação atual é bem diferente. Para que uma empresa desenvolva bons produtos e serviços, deve ser composta de um qualificado capital humano originado pelo conhecimento adquirido e experiência das pessoas. Cabe à Administração de Gestão de Pessoas estabelecer ações que motivem a criatividade dos colaboradores, a retenção de talentos, bem como a captação de grandes profissionais no mercado, de forma que contribua para o alcance dos objetivos estratégicos e com o aumento da riqueza.

Valtermário Rodrigues

Bacharel em Administração de Empresas com Habilitação em Marketing pela Unicenid - Faculdade de Ciências Gerenciais da Bahia; MBA Executivo em Gestão de Empresas pelo Cenid Business School, onde participou da Semana Acadêmica de Recursos Humanos com a "Oficina Estratégica de Dinâmica em Recursos Humanos – Avaliação de Desempenho por Competências". Atua no mercado automotivo há 22 anos e hoje é analista administrativo sênior da Distribuidora Automotiva S/A, empresa do Grupo Comolatti.

Email: valtermariorodrigues@ig.com.br

Anotações

28

Novas Atitudes, Novo Ser Humano

A complexidade da gestão do capital humano nas empresas tem exigido das organizações uma reavaliação dos seus conceitos. Se, como indivíduo, grupo ou organização você deseja iniciar ou produzir uma mudança eficaz e duradoura, você deve ter Ética nas relações que gera uma base de confiança e profundidade emocional, Abertura para Autenticidade e liberdade de expressão. Respeito à diversidade. Utilização da Insatisfação Construtiva, através da alfabetização emocional. Alinhamento da Inteligência Multifocal, valorizando o QE- Quociente Espiritual, como base necessária para que as outras Inteligências (QI e QE) operem de modo eficiente

Wilson Calé

O Desafio de Desenvolver e Cultivar Mentes Inovadoras

Para Educar - Ser Educado
Para Encantar – Ser Encantador
Para Gerir Pessoas – Ser Humano
Para Inovar – Ser Autêntico

Quais são os desafios que acompanham esta tarefa de SER + Inovador na Gestão de Pessoas? Imagino que podemos começar a trilhar esta jornada resgatando nossa **autenticidade**. Talvez até tenhamos mentores e referências de modelos para inspirar nossos passos, mas não podemos esquecer que qualquer outro caminho que não venha da autorreflexão, das profundezas do nosso Ser, representa interrupção com o autêntico.

Estamos vivendo uma *Crise de Autenticidade* e o mundo corporativo uma *Crise de Sustentabilidade*. Perdemos aos poucos nossa autoconfiança como referência. Interiorizamos um hábito de deferência à verdade imposta por modelos externos pré-fabricados e assim reforçamos o rebanho de repetidores de conceitos e jargões importados, delegando aos "gurus" a busca das soluções mágicas para as nossas questões pessoais e profissionais. Como dizia Carl Jung, "*Todos nós nascemos originais e morremos cópias*".

E você, no que acredita? Quais são suas ideias? Suas convicções? Toda vez que você precisa fazer uma escolha, tomar uma decisão, independentemente de qual for, **é você mesmo** falando? Ou seria a voz do seu pai? Seu mentor? Seu guru? Seu chefe?

Neste caminho do "Ser Autêntico" é preciso romper os condicionamentos que nos fazem esperar que os outros nos apontem a direção e nos digam o que fazer e como agir. Para alguns, pode parecer, equivocadamente, uma atitude egoísta e arrogante, mas ao observarmos com mais profundidade perceberemos que se trata justamente do contrário. Pois com essa postura focada na sua essência estamos oferecendo o que temos de melhor, sem tolher a mesma liberdade aos demais. Estaremos centrados e não periféricos, estaremos agindo e não reagindo. Dessa forma, teremos gestores transcendendo o usual, pois dessa maneira estimularemos relações verdadeiras e gratificantes. Então, além de coordenar processos estaremos desenvolvendo pessoas. Além de controlar a execução, estaremos orientando condutas e além de monitorar os resultados, estaremos educando e motivando, pois nosso papel enquanto gestores não é o de somente oferecer o nosso melhor, mas também despertar no outro o que ele tem de mais significativo, seu diferencial e seus talentos ocultos.

No fim, nos restam o questionamento e a autoinvestigação: Os seus liderados estão melhores? Você tem contribuído com o desenvolvimento integral deles? Quais são seus resultados? Eles são mensuráveis?

Diante de um mundo em constante e acirrada competição corporativa, torna-se indispensável rever e **inovar estratégias** para manter o quadro funcional cada vez mais comprometido com os valores e a missão organizacional.

Qual é a importância da inovação no RH? E como se faz isso na prática? Inovar é a melhoria de um produto, serviço ou processo, agregando novos valores a ele. Para ser bem- vinda, a inovação precisa combinar eficiência com efetividade, para proporcionar uma **Inovação rentável** que atenda a dois objetivos fundamentais: ser pioneira e conseguir a aprovação do mercado. Entretanto, para que estas duas variáveis estejam em harmonia, faz-se necessário desenvolver a mentalidade inovadora no espírito da equipe.

Desenvolver e cultivar mentes inovadoras representa uma competência de liderança indispensável no momento atual, onde as empresas precisam fazer a diferença para se manter vivas. Precisamos criar um ambiente favorável e frutífero para a proliferação deste padrão de pensamentos que foca na possibilidade de ser autêntico.

Cultivando este terreno, estaremos promovendo a atmosfera propícia para o desenvolvimento humano integral, com bases sólidas e pautadas em valores essenciais. Porém, precisamos ser realistas, vislumbrando as modificações em etapas, pois como bem sabemos, o que temos como regra no ambiente organizacional são atitudes fragmentadas, egoístas, oportunistas, descomprometidas e imediatistas.

Temos atitudes alicerçadas no medo, na insegurança, na instabilidade. Estamos desenvolvendo uma miopia coletiva que nos obriga a olhar para fora e perdemos assim o contato com o princípio de "Sathya", conceito sânscrito que simboliza o nosso encontro com a nossa verdade. **As pessoas** estão observando somente **os outros**... Elas raramente se importam em observar a **si mesmas.**

Esquecemos que a mudança do coletivo nasce de uma ação individual, ou seja, a mudança precisa se manifestar primeiro no indivíduo para então ocorrer na coletividade, pois tudo remete à nossa consciência. Pensamentos geram palavras, palavras geram ações, precisamos observar nossas ações, pois elas geram hábitos. Os hábitos geram nossa personalidade e a personalidade gera nossa cultura. Assim, temos uma cultura superficial e inconsciente que tem como padrão a competitividade, a busca da satisfação imediata dos desejos e a conquista do sucesso a qualquer preço. Criamos um vazio interior ao permitir este condicionamento hipnótico que confunde nossas prioridades. Temos medo de sentir e devido ao despreparo e ao analfabetismo emocional, encontramos líderes adotando práticas que visam manter as aparências e o status quo. É comum percebermos gestores se esforçando para atenuar as coisas em nome do "manter a harmonia", de modo que tudo pareça ótimo e de acordo com o planejado. Sufocamos a insatisfação a qualquer custo.

Aprender a valorizar a insatisfação em vez de criticá-la ou temê-la pode beneficiar de várias formas a sua carreira: Quando percebemos o poder da **insatisfação construtiva**, compreendemos que a Insatisfação pode revelar-se um celeiro de ideias e oportunidades criativas, pois nossa evolução também depende de nossa capacidade de ressignificação.

Como dizia Willian Wrigley Jr., *"Quando duas pessoas de uma empresa sempre concordam, uma delas é desnecessária"*. Portanto, tenha coragem de expressar suas ideias, por mais inovadoras e polêmicas que possam parecer, combata a superficialidade das relações que se tornam mecânicas e burocráticas, sabotando a possibilidade de mudanças significativas em curto prazo. Dessa forma, as ações de RH acabam por se tornar meras repetições desgastadas. Pare por um segundo e pense em quantas ações, cursos, palestras e intervenções foram proporcionadas nos últimos anos para sua equipe e quais foram os resultados efetivos, práticos, mensuráveis e duradouros? O que foi implementado de verdade? O que ficou de concreto que transcenda o paradigma cristalizado, as crenças limitantes, os padrões de comportamento repetitivos.

É fundamental a percepção de estado atual e estado desejado para que possamos avaliar com clareza e objetividade o que recebemos de valioso que pode contribuir com o desenvolvimento continuado da equipe, além da engrenagem natural de cada organização. Portanto, para criar esta base sólida que pavimenta com solidez a viabilidade de futuras mudanças e inovações precisamos investir na profundidade e na alfabetização emocional. Investir na nossa capacidade de estabelecer uma conexão emocional com os outros, gerando empatia, assertividade e autoconfiança. De nada adianta nos tornarmos grandes executivos se não aprendemos a nos relacionar, pois como lembra aquela máxima do RH: "O colaborador é contratado por sua habilidade técnica, mas acaba sendo demitido por sua inabilidade emocional".

Finalizo lembrando o leitor que ao **Ser Real e Verdadeiro** com ele mesmo ele desenvolve o poder pessoal que engloba a autoconsciência, o autocontrole e a automotivação. Gerando uma vida mais rica e mais cheia de sentido, adequando senso de propósito e direção pessoal. Cabe a você fazer suas escolhas e não perder sua autenticidade, contribuindo, assim, para uma mudança de paradigma organizacional, onde o conceito de sucesso não se sustenta apenas em valores materiais, mas também em valores humanos e éticos que o conduzem ao mais importante objetivo: torná-lo um ser humano melhor.

Wilson Calé

Diretor da Face a Face Treinamento e Desenvolvimento Humano, desenvolve projetos de T&D/RH, atendendo as maiores empresas brasileiras. Participou de inúmeros fóruns e congressos e nos últimos 17 anos proferiu mais de 1.500 palestras e desenvolveu inúmeros workshops de transformação pessoal e seminários comportamentais para mais de 200 empresas em todo o Brasil. Psicoterapeuta, educador, palestrante e consultor de desenvolvimento pessoal e profissional, master em PNL (Brasil e Argentina), especializado em dinâmica de grupo (Berkeley-California/USA), aperfeiçoamento de educação em valores humanos (Whitefield-Karnataka/Índia). Curso Ciências da Espiritualidade (Puttaparti-Andhra Pradesh/Índia). É reconhecido por sua didática clara, acessível e bem-humorada, que gera alto impacto nos indivíduos e instituições.

Site: www.wilsoncale.com.br

E-mail: wilsoncale@terra.com.br

Telefones: (51) 3391-4416 / 9321-4416 / (11) 5581-1232

Anotações

Comentários finais

Trouxemos para você pensamentos e ideias de grandes profissionais que atuam nas mais diversas áreas, ligados ao desenvolvimento de pessoas e organizações. Existem formas e opções quase infinitas sobre esse assunto. O mais importante é manter a mente aberta, como o paraquedas, que só tem real funcionalidade quando está aberto. Algumas décadas atrás, a área de recursos humanos e T&D (treinamento e desenvolvimento) eram o patinho feio das organizações. Hoje, cresceram e se tornaram cisne, com toda a sua beleza e importância, mostrando quem de fato eles eram e o quanto podiam contribuir. Fizeram e têm feito acontecer. Sei que medir resultados nessa área sempre será um grande desafio. Mas temos que ter em mente que o que não evolui, involui.

Vimos empresas crescerem e algumas encerrarem suas atividades, simplesmente por pequenas mudanças no mercado. Pessoas foram contratadas e outras foram demitidas. Isso faz parte do mercado. Algumas dirão que estão desempregadas. Outras, com visão mais apurada, dirão que estão avaliando o mercado e buscando novas oportunidades.

Acima de tudo, precisamos continuar a lutar para manter a alta qualidade, ter a coragem e a ousadia das pessoas que vivem para ajudar as pessoas e as organizações a serem melhores. Felizmente, isso muitas vezes acontece muito além das portas do RH, tornando-se parte do DNA da empresa. Torna-se muito importante nesse momento pensar num nível acima, nas palavras de Einstein: a solução de um problema está um nível acima do que estamos.

Inovação é uma forma de pensar e de se relacionar com o mundo. Num setor com tantos modismos, temos que nos manter abertos as novas ideias e percepções, ao mesmo tempo cuidando para não assumirmos posturas radicais. A flexibilidade e a perseverança devem estar entre as grandes virtudes daqueles que buscam constantemente desenvolver o mais valioso capital existente no mercado, o capital humano.

Dr. Jô Furlan
Coordenação Editorial

Faça você também sua coleção

Coleção Ser+

Ser + Saudável e melhorar o seu Bem-Estar

Dicas e estratégias para viver melhor

Ser + com PNL

Dicas e estratégias de Programação Neurolinguística que podem transformar sua Vida

Ser + com Motivação

Descubra e aprenda como fazer da motivação um diferencial na sua carreira e na sua vida

Ser + com Coaching

As melhores dicas e estratégias de Coaching para atingir seus objetivos

Outras publicações da Editora Ser Mais

Inteligência do Sucesso

A nova inteligência que explica a ciência do sucesso

Dr. Jô Furlan

Conheça também:
www.inteligenciadosucesso.com.br

Série Viver melhor

Como levar um HOMEM à LOUCURA na cama

Um verdadeiro manual de dicas sobre o prazer masculino

Mauricio Sita

Conheça também:
www.prazerdohomem.com.br
http://prazerdohomem.blogspot.com

Anotações